이상덕 선교사의

성령의 발차기

이 상 덕 지음

필리핀 태권도 선교사(바울 선교회 소속) 1호로서,
필리핀 메트로 마닐라 지역에서 30년간
태권도 사역을 한
이상덕 선교사의 선교 이야기

시작 하는 말

이 상 덕 선교사

이상덕 선교사의 '성령의 발차기!'는 필자의 첫 번째 저서 '상덕아 내 계명을 지켜라!'의 후속편이다. 하나님께서 나에게 온 세상에 태권도를 통하여, '복음을 증거하라'는 계명을 주셔서 30년간 태권도 사역에 매진을 했는데 다시금 살펴보니까 이것은 하나님께서 나에게 '성령의 발차기'를 시도하신 것임을 깨닫게 되었다.

필자가 60세 전에는 내 몸을 실어 상대방을 향하여 발차기를 했다. 그런데 상대방은 꼼짝하지 않았다. 그래서 기도를 했다. "제가 지금까지 태권도 사역을 했고, 내 몸을 실어 상대방을 쓰러뜨리려고 했지만 힘들고, 어찌해야 발차기를 통하여 상대방을 제압을 할 수 있겠습니까?" 그때 내게 들려온 음성이

"성령의 발차기!"

'이것이 무슨 말씀일까?'

"하나님! 성령의 발차기가 무엇입니까?"

"성령의 발차기는 네 힘을 의지하여 상대방을 제압하는 것이 아니라, 나의 힘으로 상대방을 무너뜨리는 것이다."

"어떻게 하는 것입니까?"

"많은 사람들은 자기의 힘과 능력을 의지하지만 '성령의 발차기'는 오직 나를 의지하는 것이다. 그러면 상대방과 겨룰 때, 기적과 역사가 일어난다."

필자가 '성령의 발차기'에 대하여 하나님께서 깨닫게 하신 후에 성경을 보니, 창세기부터 요한 계시록까지 '성령의 발차기'로 연관되어 있음을 알게 되었다.

그래서 필자는 성경의 말씀과 30년간의 태권도 사역을 연관시켜 이야기를 전개하려고 한다. 구약의 양을 치던 목동 다윗은 하나님의 손에 이끌려서 적장인 골리앗과 싸울 때, 병기가 없었다. 사울 왕이 건네주던 갑옷을 입었지만 맞지 않아 불편했다. 평소에 사용하던 막대기와 돌을 가지고 천하의 골리앗 앞에 섰을 때 골리앗은 "네가 나를 개로 여기고 막대기를 가지고 나왔느냐!" 라고 호통을 쳤다. 막대기나 돌은 개를 쫓을 때 사용하는 것이기 때문이다.

그러나 다윗의 입장에서는 돌과 막대기는 하나님의 무기였고 다윗은 혼자가 아닌 천군 천사가 지켜주시는 하나님의 사람이었으며, 다윗에게는 우리의 대장 되시는 주님이 함께 계셨으며, 다윗과 골리앗과의 싸움은 다윗이 주체가 아닌 하나님이셨다. 즉 하나님이 목동 다윗을 향하여 '성령의 발차기'를 시도하신 것이다. 그리고 하나님이 적장 골리앗을 발로 걷어차시니, 천하의 용사인 골리앗은 한방에 죽고 말았다. 결국 다윗은 전쟁에서 승리했고 그의 일생을 성령 하나님께 맡기게 되었고 그 후 수많은 전쟁 속에서 간혹 실수가 있었지만 '성령의 발차기'의 힘을 의지하여 성공적인 인생을 살았다. 필자가 하나님으로부터 '성령의 발차기'를 깨닫고 난 후에 성령님께 의지하여 태권도를 했더니 60세 전에는 경험 할 수 없는 일들이 일어났다.

태권도를 할 때 '앞발차기'를 상대방 복부를 향하여 날아가면 상대방이 쓰러지는데 '녹다운'이 되는 것이다. 이것을 필자가 계속 경험하면서 '하나님의 발차기'라는 것을 알게 되었다. 예전에는 경험하지 못했던 일이다.

'이것이 바로 성령의 발차기'라고 주님이 알려주셨다. 그러면서 나의 태권도 일생을 뒤돌아보니 '성령의 발차기'는 아주 오래 전 아니, 영원 전부터 하나님의 계획임을 알게 되었다. 하나님께서는 만세 전에 나를 태권도 사역자로 선택하시고, 이 일을 위하여 준비케 하셨으며 '성령의 발차기 사역을 하라'고 이 땅에 보내신 것이다. 또한 나는 하나님으로부터 '성령의 발차기'를 받은 사람이며 나 또한 불신자를 향하여 '성령의 발차기'를 하는 사역자이다.

내 앞차기를 받은 사람은 마치 전기에 감전이나 된 듯이 그리스도를 개인의 구주로 영접하고 더 나아가 목회자와 선교사로 헌신하기도 한다. 하나님께서 30년 동안 나의 '발차기'를 통하여 복음을 증거하셨고 또한 남은 생애도 그분이 나를 '전도의 발'로 사용하실 것이다. 그런데 실상 내가 '발차기'는 하지만 그것은 나의 발차기가 아닌 '하나님의 발차기이며, 성령님의 발차기'임을 고백하는 바이다.

많은 선교사들이 자기의 달란트 분야에서 열심히 사역을 하지만, 그 달란트도 하나님이 주신 것이고 사역의 모든 것은 하나님이 하시는 것이고, 또한 나의 평생의 태권도 사역도 '하나님의 발차기'를 통하여 성장했고 경험했다. 하나님으로부터 '성령의 발차기' 받은 사람들은 세상에서 가장 행복한 사람이다.

필자는 나의 어린 시절부터 지금에 이르기까지 하나님께로부터 '발차기'받은 이야기를 할 것이다. 즉 '성령의 발차기'인 것이다. 이 책을 통하여 많은 영혼들이 '하나님의 발차기'를 받기를 바라며 성령님의 임재를 경험하시기를 바란다.

2020년 1월 20일

필리핀 메트로 마닐라에서 **이상덕** 선교사

목 차

성령의 발차기

1 장

성령의 발차기와 걷어차심

하나님의 예정과 선택하심

　많은 사람들이 '인간은 자연적으로 세상에 태어났고 나중에는 또 알지 못하는 곳으로 돌아간다.'라고 생각을 하고 있다. 불교에서는 '인간이 죽어도 그 업에 따라 육도의 세상에서 생사를 거듭한다.'는 윤회설을 말하고 있다. 특히 한국은 오랜 세월 불교 문화권에 살았기 때문에, 많은 사람들이 불교인이 아니더라도 '윤회설'과 관련된 것을 많이 말하고 있음을 알 수 있다.

　많은 믿지 않는 사람들이 세상에서 살다가, 기독교 안에 들어오면 새로운 시각으로 인간의 존재를 알 수가 있고, 인간은 제 멋대로 세상에 왔다가 그냥 사라지는 존재가 아닌 것을 알게 된다. 성경은 에베소서 1장 4절에서 6절까지에서 이렇게 말하고 있다.

"곧 창세전에 그리스도 안에서 우리를 택하사 우리로 사랑 안에서 그 앞에 거룩하고 흠이 없게 하시려고 그 기쁘신 뜻대로 우리를 예정하사 예수 그리스도로 말미암아 자기의 아들들이 되게 하셨으니 이는 그가 사랑하시는 자 안에서 우리에게 거저 주시는 바 그의 은혜의 영광을 찬송하게 하려는 것이라."

즉 하나님께서 '우리를 창세전에 택하시고 그 기쁘신 뜻대로 우리를 예정했다.'라고 말씀하고 있는 것이다. 분명 하나님이 부르신 자도 있고, 부르지 않는 자도 있다. 우리 기독교인들이라면 분명 하나님이 부르신 선택 받은 자요 예정함을 받은 귀한 백성인 것이다. 우리가 스스로 구원을 받을 수 있는 것이 아니다. 하나님이 우리를 선택하시고 하나님의 예정함을 받아야만 구원 받은 백성이 되는 것이다.

즉 하나님으로부터 '성령의 발차기'를 받은 사람은 구원의 백성이요 하나님으로부터 걷어차임을 받은 사람은 구원의 자리에 들어와 있지 않는 자이다.

청함은 받은 자는 많되 택함을 입은 자는 적으니라(마22:14)

성령의 발차기의 정의

필자가 주장하는 '성령의 발차기'는 아마 세상에서 내가 처음 이야기 하는 것이라 생각한다. '성령의 발차기'라는 말을 독자들은 들어본 적이 없을 것이고 또한 어떠한 저서에도 발견할 수 없을 것이다. 나 또한 일평생 태권도를 했던 사람으로서 상대방을 향하여 발차기를 시도했는데 그것을 '성령의 발차기'로 연관 짓기는 쉽지 않는 부분이었다.

필자가 60세가 지나서 생각하기를 '앞 발차기를 통하여 상대방을 쓰러뜨릴 수 있는 방법은 없을까?' 고민하며 기도하고 있는데 기도 중에 '성령의 발차기'라는 음성을 들고 제자들과 앞 발차기 시범을 보였는데 나의 발차기를 받은 제자들이 '녹다운'되는 것을 보게 되었고, 많은 제자들이 그것을 배우려고 애쓰고 있는 형편이다. 그런데 그 '녹다운'은 나의 작품이 아닌 하나님의 작품이다.

하나님의 성령의 발차기의 힘이 내게 실려, 상대방을 가격하니 상대방이 한방에 쓰러졌던 것이다. 그래서 나는 '바로 이것이다'라고 생각했다. 그러면서 나의 일생의 태권도 사역을 살펴보니 나는 태어나기 전부터 '하나님의 성령의 발차기'를 받은 사람이었고, 내가 지금까지 성령의 발차기의 힘으로 살아온 것을 느낄 수 있었다.

즉 성령의 발차기는 하나님께서 인간에게 행하시는 것인데, 하나님으로부터 성령의 발차기를 받은 사람은 새로운 사람이 되고 성령의 사람이 되며 놀랍게 그 사람의 생애가 변하게 된다. 성령의 발차기는 다시 말해 '성령님의 임재'라 볼 수 있다. 성령의 세례를 받으면 하나님 안에서 새로운 피조물이 되고 하늘의 사람이 된다. 성령으로 인하지 않고는 하늘나라를 경험할 수 없는 것이다. 오직 물과 성령으로 거듭나야 하는데 '성령의 발차기'는 다른 말로 성령님의 임재라 말할 수 있다.

아무리 흉악한 살인범과 같은 존재라 할지라도 하나님께서 '만져주시면' 성령의 사람이 되는 것이요 하나님께 걷어차임을 받은 자라면 세상에서 도덕군자로 살았다 할지라도 구원에 이를 수 없는 것이다. 모든 것은 우리 인간의 손에 달려있는 것이 아니라 하나님의 손에 달려있는 것이다.

오직 성령이 너희에게 임하시면 너희가 권능을 받고 예루살렘과 온 유대와 사마리아와 땅 끝까지 이르러 내 증인이 되리라 하시니라(행1:8).

하나님의 걷어차심

하나님으로부터 '성령의 발차기'를 받은 사람은, 이 세상과 오는 세상에서 하나님의 큰 복을 받은 자이지만 그 반대로 하나님으로부터 걷어차임을 받은 사람은 이세상과 오는 세상에서 이보다 더 불쌍한 자는 없을 것이다. 신약에서 그 대표적인 인물이 가롯유다였다. 인류를 구원하시기 위해 십자가 상에서 물과 피를 다 쏟으신 주님이 유다를 향하여 "너는 세상에 나지 않았더라면 좋았을 것이다." 이런 말을 할 수 밖에 없는 주님이셨다. 가롯유다를 향하여 안타까운 마음을 엿볼 수가 있다.

가롯유다에 관해서 여러 해석들이 있을 수 있다. 결론

적으로 유다는 '하나님의 걷어차심'에 이미 오래 전에 확정된 자였다. 예수님을 판 죄의식 때문에 그는 목매달아 자살을 했다. 가룟유다와 비슷한 형편에 처했던 베드로를 생각하면 그는 예수님을 향하여 부인과 저주까지 했던 인물이다. 그러나 그는 회개하고 기독교 2천년 역사에 빛나는 예수의 제자로 나타나게 된다. 여기서 중요한 사실은 베드로는 하나님으로부터 '성령의 발차기'를 받은 사람이었고 가룟유다는 하나님으로부터 '걷어차임'을 받은 자였다.

베드로가 저주하며 맹세하되 나는 너희가 말하는 이 사람을 알지 못하노라(막14:71)

성령의 발차기와 성령 임재의 연관성

하나님으로부터 성령의 발차기를 받은 사람은 영적인 큰 충격을 받게 된다. 사람 자체가 바뀌게 된다, 성령을 받기 전 베드로는 주님을 부인하고 저주까지 하는 볼품 없는 예수의 제자였지만 오순절 마가 다락방 성령님의 임 재 후에는 한번 설교에 3천명이 회개하고 돌아왔으며 수 많은 병자들을 치료했고 순교할 때도 거꾸로 십자가에 달 려 순교를 했다. 즉 베드로는 성령으로부터 발차기(성령 의 임재)를 받은 사람이었다.

이미 성령의 발차기를 받은 사람은, 주님의 성령이 함 께하시기에 상대방을 향하여 발차기를 하면 상대방이 회심을 하고 주님께 돌아오게 되는 것이다.

베드로는 주님께 부름을 받은 후 열심히 걸어 다니며 복음을 증거했다. 그가 걷는 전도의 발걸음은 힘들었지만 주님과 함께 걷는 걸음이었기 때문에 온전한 승리를 거두었던 것이다. 그의 걸음 걸음마다 성령의 발차기의 힘이 함께하시기에 두려움이 없었고 담대했다. 오늘날도 전도를 할 때 나 혼자 걷는 걸음이나 혼자 발차기를 한다면 전도의 어떤 기적과 역사는 일어나지 않을 것이다.

그러나 성령의 임재를 경험하며 '성령의 발차기'를 시도하는 자에게는 '하늘의 힘'이 솟아날 것이고 천군과 천사가 도와주실 것이다. 성령의 임재를 경험하고 성령의 발차기를 하는 자에게만 하나님은 역사를 하실 것이다.

성령의 발차기와 하나님의 말씀의 방망이의 연관성

　이 두 개는 깊은 연관성이 있다. 성령의 발차기는 상대방을 공격하는 것이요 역시 하나님의 말씀의 방망이도 상대방을 향하여 공격하는 것이다. 성령의 발차기를 받든지, 아니면 하나님의 말씀의 방망이로 우리 자아가 부서지면, 새로운 나, 새로운 사람이 되며 새로운 피조물이 되는 것이다. 우리가 하나님의 말씀의 방망이로 맞아서 새로워지지 않는다면 그것은 참으로 불행한 경지에 이르게 될 것이다. 예레미야 23장 29절에 "여호와의 말씀이니라 내 말이 불 같지 아니하냐 바위를 쳐서 부스러뜨리는 방망이 같지 아니하냐"라고 말씀하고 있다.

앞에서 '성령의 발차기와 걷어차심'을 필자가 기록을 했는데, 성령의 발차기를 받은 사람은 살아나지만 반대로 하나님이 걷어차시면 영원히 사망 아래 놓이게 된다. 마찬가지로 하나님의 불도 두 가지로 사용되는데, 성령의 불을 받으면 새로운 피조물이 되고 하늘의 시민권을 얻게 되지만 하나님으로부터 '불로 저주'를 받을 수도 있다. 아래의 성경구절은 '성령과 불로 세례를 베푸는 것과 쭉정이는 꺼지지 않는 불에 태운다'고 말씀하고 있다. 즉 불은 두 가지 의미로 사용되는 것이다.

나는 너희로 회개하게 하기 위하여 물로 세례를 베풀거니와 내 뒤에 오시는 이는 나보다 능력이 많으시니 나는 그의 신을 들기도 감당하지 못하겠노라 그는 성령과 불로 너희에게 세례를 베푸실 것이요 손에 키를 들고 자기의 타작 마당을 정하게 하사 알곡은 모아 곳간에 들이고 쭉정이는 꺼지지 않는 불에 태우시리라(마3:11-12).

우리가 성령의 불을 받아 '성령의 발차기'사역자가 되든지, 아니면 나중에 심판 날에 불로 태움을 받게 되든지 하게 될 것이다. 또한 '하나님의 말씀의 방망이'도 같은 맥락이라고 할 수 있다. 하나님의 말씀의 방망이로 얻어맞은 사람은 성령의 사람이 되고 '성령의 발차기'의 사역을 하게 된다. 특별히 신약에서 예수 믿는 사람들을 죽이러 다니던 사울 이라고 하는 바울이 다메섹 도상에서 하나님의 말씀의 방망이로 한대 맞았는데, 제 정신이 돌아와 회심을 했고 이제는 예수를 위하여 목숨 바치는 선교사가 되었다. 하나님의 성령을 받든지 하나님의 말씀의 방망이로 맞아서, 자기 자아는 완전히 부서지고 예수의 심장이 이식되어서 성령의 사람이 되어야 할 것이다.

성령의 불로 태우심을 받든지, 하나님의 말씀의 방망이로 맞아서 새롭게 되지 않으면 아무짝에도 쓸 수 없는 자가 될 것이다.

곧 창세 전에 그리스도 안에서 우리를 택하사 우리로 사랑 안에서 그 앞에 거룩하고 흠이 없게 하시려고 그 기쁘신 뜻대로 우리를 예정하사 예수 그리스도로 말미암아 자기의 아들들이 되게 하셨으니(엡1:4-5)

2 장

구약에서의 성령의 발차기와 걷어차심

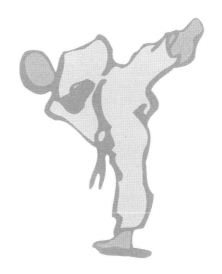

아브라함의 성령의 발차기

아브라함은 믿음의 조상이다. 그런데 아브라함이 자신
스스로 '믿음의 조상이 되고 싶다'고 해서 되는 것이 아니
고 하나님께서 불러주시고 선택하시고 예정하셨기에 가
능한 것이다. 아브라함의 일생을 조명해보면 하나님께서
'성령의 발차기'를 통해서 그를 '컨트롤'하고 계심을 알 수
있다. 하나님께 성령의 발차기를 통하여 지배 받는 자는
행복한 사람이다.

하나님께서 창세기 12장 1절에서 3절에 이렇게 말씀
하셨다. "여호와께서 아브람에게 이르시되 너는 너의 고
향과 친척과 아버지의 집을 떠나 내가 네게 보여 줄 땅으

로 가라 내가 너로 큰 민족을 이루고 네게 복을 주어 네 이름을 창대 하게 하리니 너는 복이 될지라 너를 축복하는 자에게는 내가 복을 내리고 너를 저주하는 자에게는 내가 저주하리니 땅의 모든 족속이 너로 말미암아 복을 얻을 것이라 하신지라" 이 말씀에서 아브람의 의지는 없었고 오직 하나님이 주체가 되어 아브람을 컨트롤하고 계셨으며 아브람은 '하나님의 발차기'를 통하여 알지 못하고 경험하지 못한 세계를 향하여 힘찬 발걸음을 한다.

사람의 발차기를 통하여 맞은 사람은 인간 육신이 아프고 고통스럽지만 성령의 발차기를 통하여 나아가는 발걸음이나 삶은 행복 자체인 것이다. 하나님께서 마음먹으시고 아브람의 인생 속에 개입을 하셨다. 만약에 성령의 발치기가 아브람과 함께하지 않았다면 어려움을 많이 겪었을 것이다. 그러나 그 어려운 중에 승리할 수 있었던 것은 하나님의 '성령의 발차기'가 함께 했기 때문이다.

우리 인간이 힘든 세상에서 승리하느냐 패배하느냐는 그 인물의 됨됨이에 있지 않고, 하나님께서 성령의 발차기를 그에게 행하셨느냐, 하지 않았느냐에 달려있는 것이다.

그뿐 아니라 또한 리브가가 우리 조상 이삭 한 사람으로 말미암아 임신하였는데 그 자식들이 아직 나지도 아니하고 무슨 선이나 악을 행하지 아니한 때에 택하심을 따라 되는 하나님의 뜻이 행위로 말미암지 않고 오직 부르시는 이로 말미암아 서게 하려 하사 리브가에게 이르시되 큰 자가 어린 자를 섬기리라 하셨나니 기록된바 내가 야곱은 사랑하고 에서는 미워하였다 하심과 같으니라 그런즉 우리가 무슨 말을 하리요 하나님께 불의가 있느냐 그럴 수 없느니라 모세에게 이르시되 내가 긍휼이 여길 자를 긍휼이 여기고 불쌍히 여길 자를 불쌍히 여기라 하셨으니 그런즉 원하는 자로 말미암음도 아니요 달음박질하는 자로 말미암음도 아니요 오직 긍휼이 여기시는 하나님으로 말미암음 이니라(롬9:10-16).

아브라함은 성령의 발차기를 온 몸으로 받으며, 전진할 때에 상대방은 굴복하고 승리를 얻을 수 있었다. 아브람함은 노인에 불과했지만 성령의 임재를 경험하고 하나님의 발차기로 앞을 향해 나아갈 때 오직 승리만 있었던 것이다. 우리 믿음의 조상 아브라함은 성령의 발차기의 주인공이라고 할 수 있다.

또한 아브라함은 하나님으로부터 "독자 이삭을 바치라"는 음성을 듣고 부인에게도 이야기하지 않고 모리아 산으로 향했던 사람이며 아브라함은 이삭을 번제로 드리려고 칼로 내리치려는 순간 "그 아이에게 네 손을 대지 말라 그에게 아무 일도 하지 말라 네가 네 아들 네 독자까지도 내게 아끼지 아니하였으니 내가 이제야 네가 하나님을 경외하는 줄을 아노라"는 음성을 듣게 되었다. 이 위대한 일 한가지만이라도 아브라함은 성령의 충만한 사람이요, 앞을 향하여 성령의 발차기를 제대로 했던 인물이다. 하나님께서 이 사건으로 너무나 기분이 좋으셔서 창세기 22장 16절에서 18절까지에 말씀하시기를 "이르시되 여호와께서 이르시기를 내가 나를 가리켜 맹세하노니 네가 이같이 행하여 네 아들 독자도 아끼지 아니하였은즉 내가 네게 큰 복을 주고 네 씨가 크게 번성하여 하늘의 별과 같고 바닷가의 모래와 같게 하리니 네 씨가 그 대적의 성문을 차지하리라 또 네 씨로 말미암아 천하 만민이 복을 받으리니 이는 네가 나의 말을 준행하였음이니라 하셨다 하니라." 믿음 안에서 성령의 발차기를 했던 아브라함은 하나님으로부터 놀라운 축복을 받게 된다.

이것은 하나님의 작품이며 또 감독자도 되신다. 아브라함은 배우로 등용된 것이다. 그런데 아브라함이 이러한 축복을 받게 되는데 이것은 아브라함에게 거저 주시는 은혜인 것이다. 또한 우리가 예수를 믿고 천국의 백성이 되었다는 것은 나의 힘, 너의 힘으로 이루어진 것이 아니기에 하나님께 감사찬양을 영원히 영원토록 불러야 할 것이다. 우리의 노력과 행위로는 결코 구원 받을 사람이 지구상에는 하나도 없다. 훗날 우리가 구원의 반열에 들어간다면 그것은 값없이 주시는 하나님의 은혜이며 우리 주님의 십자가 보혈로 인한 구원인 것이다.

사람이 의롭게 되는 것은 율법의 행위로 말미암음이 아니요 오직 예수 그리스도를 믿음으로 말미암는 줄 알므로 우리도 그리스도 예수를 믿나니 이는 우리가 율법의 행위로써가 아니고 그리스도를 믿음으로써 의롭다 함을 얻으려 함이라 율법의 행위로써는 의롭다 함을 얻을 육체가 없느니라(갈2:16).

우리 믿음의 조상 아브라함이 '성령의 발차기'의 모범이 된 것처럼 우리 또한 그 뒤를 따른다면 이보다 아름다운 일은 없을 것이다.

야곱의 성령의 발차기

야곱은 에서의 동생으로서 이삭으로부터 태어난 인물이다. 그런데 태어날 때부터 다른 운명을 간직하고 있었다. 야곱은 하나님의 사랑하시는 자로, 에서는 그렇지 않는 자였다. 이것은 야곱의 선택이 아니라 하나님의 선택이었음을 성경은 말하고 있다.

야곱은 여성적 성격이고 어머니의 극진한 보살핌을 받았고 형 에서는 남자답고 사냥을 잘해서 아버지 이삭의 사랑을 받았다. 시간이 흐른 후 팥죽 한 그릇에 에서는 장자권을 팔아 먹게 되었다. 나중에 에서는 이 일도 마음에 두고 있었다. 그런데 더 놀라운 사건은 이삭이 나이가 많이 들었기 때문에 죽기 전에 장자에게 축복을 해주려고 에서 에게 "사냥을 해서 별미를 만들라"라고 했다. 이 정보를 미리 알게 된 어머니는 야곱과 공모를 했다. 어머니는 새끼 염소를 급히 잡아 요리를 했고 야곱은 이삭 앞에 섰다. 야곱은 형의 흉내를 내느라고 염소새끼의 가죽을 손과 목의 매끈한 곳에 입혔다. 그런데 한가지 속일 수 없는 것은 목소리였다.

비록 아버지 이삭은 나이가 많았어도 듣는 귀는 있었다. "음성은 야곱의 음성이나 손은 에서의 손이로다" 그때 야곱은 가슴이 철렁했다. '아버지에게 복 받기는커녕 저주는 받는 것은 아닌지?' 그러나 그 위기의 시간은 지나고 아버지 이삭은 야곱에게 축복을 마음껏 해주었다. 이제는 더 이상 줄 것이 없을 정도였다.

조금 시간이 지난 후, 에서는 산 짐승을 사냥해서 집으로 돌아왔다. 아버지 앞에 섰을 때 "복은 동생 야곱에게 돌아갔다."라고 말했다. 에서는 "남은 복이라도 달라"고 애원했지만 아버지 이삭은 "줄 것이 없다."라고 했다. 그때 에서에게 그 옛날 가인에게, 살인의 영이 들어가 아벨을 돌로 쳐 죽인 것처럼, 에서 또한 복수심으로 불탔다.

이 상황을 감지한 어머니 리브가는 야곱을 불러 "너는 내 고향 하란으로 가서 내 오라버니 라반에게로 피신하여 있으라 네 형의 분노가 풀리면 사람을 보낼 것이다."라고 말을 했고, 또한 아버지 이삭은 야곱을 불러 말했다.

　너는 가나안 사람의 딸들 중에서 아내를 맞이하지 말고 일어나 밧단아람으로 가서 네 외조부 드두엘의 집에 이르러 거기서 네 외삼촌 라반의 딸 중에서 아내를 맞이하라 전능하신 하나님이 네게 복을 주시어 네가 생육하고 번성하게 하여 네가 여러 족속을 이루게 하시고 아브라함에게 허락하신 복을 네게 주시되 너와 너와 함께 네 자손에게도 주사 하나님이 아브라함에게 주신 땅 곧 네가 거류하는 땅을 네가 차지하게 하시기를 원하노라 (창28:1-4)

　　하나님께서는 야곱과 에서를 뱃속에서부터 구별을 하셨다. 또한 태어나서 성장한 후에, 장자권 사건이나 아버지의 축복권 사건 속에서 살펴볼 수 있는 것은 하나님의 뜻과 섭리가 있다는 것이다. 야곱은 "아버지를 속이다가 저주를 받을까 하나이다" 이런 걱정을 할 때, 리브가는 이렇게 말을 한다,

　　"내 아들아 너의 저주는 내게로 돌리리니" 야곱이 복

받기 위한 어머니의 이런 행동들은 어디서부터 나온 것일까? 리브가의 마음에서 단지 나온 것일까? 이것은 단순한 문제가 아니다. 여기에서 하나님께서는 야곱을 통해서 이루시려는 계획이 있었던 것이다. 즉 하나님의 '성령의 발차기'가 시작된 것이다. 결혼 나이가 된 야곱을 그냥 아버지 집에 머물러두면 하나님의 뜻을 이룰 수 없어 이삭의 축복을 받은 후 에서를 통해 집을 떠날 수밖에 없는 상황이 되었다. 이제 서서히 하나님은 야곱을 향한 발차기가 시작된 것이다. 이제까지는 어머니의 사랑 안에 평안한 생활을 했던 야곱은 외로운 나그네 신세가 되었다. 이제는 짐승들의 소리가 들리고 아침 이슬 내리는 들판에서 돌 베개를 베고 잠을 자는 신세가 되었다.

야곱이 들판에서의 잠은, 우리 나그네 인생을 표현해주는 대표적 사건이라고 해도 틀린 말은 아닐 것이다. 야곱이 브엘세바에서 떠나 하란을 향하여 가다가 한 곳에 이르러서 돌을 베고 잠을 자는데 놀라운 꿈을 꾸게 되었다. 어머니 집에 있을 때는 이런 현상이 없었다. 그런데 이제 외로운 들판에서 하나님이 개입하시는 위대한 사건이 전개되고 있었던 것이다. 다시 말해 하나님의 '성령의 발차기'이며 '성령의 임재'였던 것이다. 야곱은 평생 다 가도록 '벧엘'을 잊지 못했다.

꿈에 본즉 사닥다리가 땅 위에 서 있는데 그 꼭대기가 하늘에 닿았고 또 본즉 하나님의 사자들이 그 위에서 오르락내리락하고 또 본즉 여호와께서 그 위에 서서 이르시되 나는 여호와니 너의 조부 아브라함의 하나님이요 이삭의 하나님이라 네가 누워 있는 땅을 내가 너와 네 자손에게 주리니 네 자손이 땅의 티끌 같이 되어 네가 서쪽과 동쪽과 북쪽과 남쪽으로 퍼져 나갈 지며 땅의 모든 족속이 너와 네 자손으로 말미암아 복을 받으리라 내가 너와 함께 있어 네가 어디로 가든지 너를 지키며 너를 이끌어 이 땅으로 돌아오게 할지라 내가 네게 허락한 것을 다 이루기까지 너를 떠나지 아니하리라 하신지라 야곱이 잠이 깨어 이르되 여호와께서 과연 여기 계시거늘 내가 알지 못하였도다 이에 두려워하여 이르되 두렵도다 이 곳이여 이것은 다름 아닌 하나님의 집이요 이는 하늘의 문이로다 하고 야곱이 아침에 일찍이 일어나 베개로 삼았던 돌을 가져다가 기둥으로 세우고 그 위에 기름을 붓고 그 곳 이름을 벧엘이라 하였더라 이 성의 옛 이름은 루스더라 야곱이 서원하여 이르되 하나님이 나와 함께 계셔서 내가 가는 이 길에서 나를 지키시고 먹을 떡과 입을 옷을 주시어 내가 평안히 아버지 집으로 돌아가게 하시오면 여호와께서 나의 하나님이 되실 것이요 내가 기둥으로 세운 이 돌이 하나님의 집이 될 것이요 하나님께서 내게 주신 모든 것에서 십 분의 일을 내가 반드시 하나님께 드리겠나이다 하였더라(창28:12-22).

    야곱은 벧엘에서 놀라운 기적을 체험한 것이며, 여기

서 하나님으로부터 '성령의 발차기' 즉 성령의 임재를 경험하게 된 것이다. 이제는 야곱은 과거의 사람이 아니요 새 사람이 된 것이다, 야곱이 이곳에서 하나님을 만나게 되었다. 결코 야곱이 '하나님을 만나야겠다'라고 생각하고 만난 것이 아니라 하나님이 야곱을 찾아오시니 만날 수 있었던 것이다.

하나님께서는 야곱의 삶의 현장 속에 직접 찾아와 만나주시고 하나님의 '성령의 발차기'는 그의 일생 다 가도록 함께했다. 어머니의 고향 하란 땅은 멀고 먼 길이었고 걸어서 가는 길이었지만 이제는 피곤함을 몰랐다. 성령이 함께하는 발걸음이었기 때문에 힘들어도 힘든지 몰랐다. 주님 없이 걷는 인생 길은 행복한 것 같아도 패망의 길이요 주님과 함께하는 발걸음은 어려운 것 같아도 천국 길이다.

요셉의 성령의 발차기

야곱이 어머니의 고향 하란 땅으로 가서 결혼을 하게 되는데, 요셉이는 야곱이 사랑했던 여자 '라헬'이 낳은 아들이고 그 밑으로 베냐민이 있다. 그런데 사랑했던 라헬이 젊은 날 죽고 말았다. 요셉이는 배다른 형제들의 눈총을 받았고 왕따를 당했다. 그러나 하나님께서는 어린 시절부터 요셉에게 '하나님의 꿈'을 꾸게 하셨고, 그를 이미 애굽의 총리로 삼으시려고 계획하고 있었다. 하나님은 요셉의 어린 시절부터 꿈을 통해, 서서히 '성령의 발차기'를 시작하신 것이다.

요셉이는 많은 형제 중에서 특별히 하나님께서 택하신

사람이다. 야곱의 12명의 아들 가운데 라헬에게서 태어난 11번째 아들이고 형들의 모함을 받아 애굽에 팔려갔고 나중에는 누명을 쓰고 감옥에 갇혔지만 죄가 있어서 그렇게 된 것이 아니고, 하나님께서 요셉에게 '성령의 발차기'를 시도하신 것이며, 요셉은 하나님의 시간 계획표에 따라 애굽의 총리가 된 것이다.

사람이 하는 일은 실수가 있지만 하나님이 하시는 일은 결단코 실패가 없다. 요셉은 이스라엘 민족의 지도자로 이미 내정되었다. 이것은 하나님의 만세전의 계획이셨다. 만약 요셉에게 하나님의 돌보심이 없었다면, 형들의 모함으로 구덩이에 던져졌을 때, 죽을 수도 있었고 애굽의 보디발의 집에 팔려왔을 때 형들을 원망했을 것이다. 또한 보디발의 아내가 유혹했을 때, 방탕의 길로 몸을 던져버릴 수도 있었는데, 요셉은 조상이 섬기던 이스라엘의 하나님, 아브라함의 하나님, 이삭의 하나님, 야곱의 하나님을 절대로 신뢰하며 섬겼기에, 젊은 청년으로서 넘어지기 쉬운 유혹을 이길 수 있었다.

하나님이 어린 시절부터 보호하는 인물이요, 하나님의 성령이 함께하는 사람이요, '성령의 발차기'의 사람이었기에 감옥에 들어가서도 결단코 하나님을 원망하는 일은 없었다. 감옥에 있을 때 술 맡은 관원장과 떡 맡은 관원장이 들어왔는데 그들의 꿈을 해석해 주었다.

요셉은 그들의 앞날을 정확히 예언을 해주었고, 요셉은 "감옥에서 나가게 되면 나를 기억해달라"고 했지만 술 맡은 관원장은 까맣게 잊고 말았다. 아직 하나님의 때가 아니고 요셉은 좀더 훈련을 받아야 했기 때문이다. 그런데 바로 왕이 꿈을 꾸었는데 해석할 사람이 없자, 술 맡은 관원장이 지난날 요셉이 생각났던 것이다.

특별히 구약의 요셉이는 어린 시절부터 꿈의 사람이다. 꿈 해석에 특별한 은사가 있었다. 요셉이는 하나님의 꿈 하나로 애굽의 재상이 된 사람이다. 즉 하나님께서 요셉에게는 '성령의 발차기'를 꿈으로 역사하신 것이다. 자기 자신으로는 아무것도 해석할 수 없었는데 '성령의 발차기' 즉 '성령의 임재'가 요셉에게 임하니까 모든 꿈들이 저절로 해석되는 것이다.

이것을 볼 때 하나님께서 '성령의 발차기'를 요셉에게 하시지 않았다면 그는 허수아비가 되는 것이다. 어린 시절 재상이 될 꿈을 주시고, 형들의 미움을 받고 애굽으로 팔려가고 보디발의 집에 종살이 하다가 억울한 누명을 쓰고 감옥에 가고, 바로 왕의 꿈을 해석해 다가올 풍년과 흉년의 때를 대비하는 모든 것들이 요셉이 한 것이 하나도 없었다. 총 감독되시는 하나님의 작품이었고, 단지 요셉이는 하나님의 배우로서 충실히 그 사명을 다한 것이다. 요셉이는 하나님으로부터 '성령의 발차기'를 받은 후, 충실히 그 임무를 수행해 자기의 가족들을 흉년의 때에 구하고 훗날 애굽에서 탈출할 때는 그 수가 헤아릴 수 없게 되었다.

우리가 지금 '하나님의 도구'로 사용되고 있다면, 나의 학벌, 재력, 배경, 능력이 결코 아니고, 오직 부르시는 하나님의 능력, 다시 말해 하나님의 '성령의 발차기'가 내게 임했기 때문이다. 이것을 망각하는 날 우리는 모든 것을 잃게 될 것이다.

모세의 성령의 발차기

　요셉은 애굽 땅에서 110세까지 살고 죽었으며 그 후 많은 세월이 흐른 후에, 애굽을 위기에서 건진 요셉을 모르는 새 왕이 일어나 '이스라엘 백성이 우리보다 많고 강하도다'라고 생각하고 이스라엘 민족을 박해하기 시작했다. 그러나 이것은 하나님께서 가나안 땅으로 보내시려는 하나님의 뜻과 섭리가 있었던 것이다.

　하나님께서는 이스라엘 민족을 구원하시려는 뜻이 있어 '모세'를 선택하셨다. 당시 바로 왕의 명령은 "히브리 여인이 남자 아이를 낳으면 죽여라!" 그러나 애굽의 산파들이 하나님을 두려워하여 아기들을 살렸는데 그 중에 하나님의 오랜 계획을 품고 있던 '모세'도 있었다. 이스라엘 민족의 구원자로 하나님께서 한 사람을 택한 것이 바로 모세이다. 하나님의 '성령의 발차기'를 시작하신 것이다.

아름답고 건강하게 생긴 모세가 3개월간은 부모의 보호하심을 받았지만 더 이상 숨겨둘 수가 없어서 나일강에 버리게 되는데 그때 마침 애굽의 공주가 발견하게 되었고 '모세'를 보며 불쌍한 마음을 하나님이 주셨고 그때 누이가 모세의 어머니를 유모로 소개했고 아이를 키우게 되었다.

모세의 어머니는 젖을 먹일 때마다 아이에게 '너는 이스라엘 민족이며, 앞으로 어떻게 살아야 할지'에 대한 이스라엘 민족을 향한 사상교육을 시켰을 것이다. 이제 모세는 장성했다. 모세는 자기가 애굽 사람이 아니고 이스라엘 민족이라는 것을 스스로 잘 알고 있었고 그것을 늘 고민하고 있었다. 그러던 어느 날 자기 백성이 고되게 노동을 하고 있고, 애굽 사람이 자기 민족을 치는 것을 보게 되었을 때 화가 치밀어 올랐다.

이 광경을 출애굽기 2장 12절에 "좌우를 살펴 사람이 없음을 보고 그 애굽 사람을 쳐죽여 모래 속에 감추니라"고 말하고 있다. 자기 백성을 사랑함이 극에 이르렀고 그 분노는 애굽 사람에게 향했던 것이다. 모세는 있는 힘을 다하여 애굽 사람에게 '발차기'를 시도했는데 이 발차기는 '성령의 발차기'와는 상관없는 자기 발차기였다.

즉 모세의 발차기이다. 이 사건으로 모세는 세상 떠나는 날까지 마음의 자유를 얻지 못했고, 하나님의 심판을 기다려야 했으며, 가고 오는 세월 속에서 많은 믿음의 사람들이 이 사건을 통해 많은 생각을 하게끔 하는 것이 되고 말았다. 즉 하나님으로 인한 '성령의 발차기'가 아닌 '나의 발차기'는 상대방을 죽이기도 하고, 무한한 고통과 상처를 영원히 동반 할 수가 있다. 모세는 사람의 발차기 즉 자기의 발차기를 시작한 후에 도망자의 신분이 되어서 광야를 떠돌다가 아무 힘없는 80세의 노인이 되었을 때 호렙산 중 가시덤불 불꽃 속에서 하나님이 모세를 불러주셨다.

거기에는 모세의 의사가 1프로도 개입이 되지 않는 사건이었다. 우리가 알 것은 신앙 안에서 우리에게 이루어지는 모든 사건은 나와 상관없는 것을 명심해야 할 것이다. 나의 발차기는 모든 것이 실패를 가져오지만 하나님의 발차기는 위대한 승리를 가져온다. 힘없는 노인이 되었을 때 호렙산중 가시덤불 불꽃 속에서 하나님이 모세를 불러주심은 하나님께서 모세를 향하여 위대한 '성령의 발차기'를 하기 위함이다.

모세를 성령의 발차기를 통하여 바로 앞에 서게 하고, 드디어 애굽을 출발하여 가나안 땅으로 향하게 하신다. 하나님께서는 이스라엘 백성을 막는 바로 왕을 '뒷발로 걸어차시고' 바로의 군사들도 '걸어 차셔서' 홍해바다에 수장시키신다.

모세를 향한 하나님의 발차기는 모세를 새로운 사람으로, 성령의 사람으로 변화시켰다. 다시 말해 호렙산중 가시덤불 불꽃 속에서 하나님과의 만남은 '성령의 임재'라 할 수 있다. 하나님께서는 모세가 홍해바다 앞에 섰을 때도, 성령으로 강하게 발차기 하셔서 홍해바다를 담대히 건널 수 있었다. 모세는 홍해바다를 건너 광야 길을 40년간 걸을 때도 하나님의 발차기를 통해 걸어갔던 것이다.

밤에는 불기둥 낮에는 구름기둥으로 인도하심은 하나

님께서 이스라엘 백성들을 '성령의 발차기'를 통하여 인도하신 것이다. 때로는 하나님께서 이스라엘 민족을 괴롭히는 나라들을 '발로 걷어차시고' 하나님의 '성령의 발차기'는 이스라엘 민족과 모세를 인도하셨다.

다윗의 성령의 발차기

하나님께서 사무엘을 통하여 사울을 왕으로 삼으셨고 또 나중에는 하나님께서 사울을 걷어차시게 된다.

여호와께서 이르시되 내가 이미 사울을 버려 이스라엘 왕이 되지 못하게 하였거늘 네가 그를 위하여 언제까지 슬퍼하겠느냐 너는 뿔에 기름을 채워 가지고 가라 내가 너를 베들레헴 사람 이새에게로 보내리니 이는 내가 그의 아들 중에서 한 왕을 보았느니라 하시는지라(삼상16:1).

이제 하나님은 사울을 발로 걷어차시고 다윗을 향하여는 '성령의 발차기'를 시작했다. 사무엘이 제사를 지낼 때 이새의 가족들을 초청해서, 그 중에서 사무엘은 기름을 부으려고 했다. 그러나 일곱 아들이 사무엘 앞을 지나갔으나 하나님의 신호는 없었다. 그 후 이스라엘과 블레셋과의 전쟁이 있을 때에, 다윗의 세 명의 형들은 사울을 따라 전쟁에 나간 상태였고 다윗은 '볶은 곡식 한 에바와 떡 열덩이'를 형들에게 주고 '치즈 열덩이'는 천부장에게 주는 것과 또 형들의 안부를 묻는 것을 아버지로부터 명령을 받았기에 부득불 다윗은 전쟁터에 갈 수밖에 없었다.

그때 블레셋 장수는 40일간 조석을 나타나 이스라엘을 향하여 조롱하며 소리를 쳤다. 이것을 듣고 있던 다윗은 견딜 수 없는 마음이 되었고 서서히 '하나님의 발차기'가 다윗을 향하여 오기 시작했다. 다윗은 이새의 8번째 막내아들이고 아직 소년이라 양을 지키는 목동의 신분이었으나 그는 이미 하나님의 '성령의 발차기'를 경험한 사람으로서 양을 지킬 때에 사자나 곰이 와서 양떼에서 새끼를 물어가면 다윗은 '양 새끼'를 사자와 곰의 입에서 건져내고, 자기를 죽이려 했을 때 수염을 잡고 쳐죽였다(삼상 17:34-35).

다윗은 '자신의 발차기'로 사자와 곰을 제압한 것이 아니라 하나님의 능력의 발차기가 다윗에게 임했기 때문에 짐승들을 죽일 수 있었던 것이다. 다윗은 사자나 곰이나 적장 골리앗을 하나의 짐승으로 알았기에 더욱 담대했고, 다윗은 사자나 곰을 쳐죽일 때처럼 '하나님의 발차기'의 능력이 임할 줄을 굳게 믿고 있었다.

다윗은 이미 양을 칠 때부터 하나님의 임재, 성령의 발차기를 경험했던 사람이라 언제나 담대하고 강했다. 그래서 이미 골리앗은 '자신의 밥'이라 생각했고 '골리앗을 죽이면 어떤 보상'이 따르는지 물어봤던 것이다. 우리가 성령의 발차기를 의지하고, 세상과 또는 마귀와 싸움하는 것은 이미 이겨놓고 하는 싸움임을 잊어서는 안될 것이다.

사무엘상 17장 36절에 "주의 종이 사자와 곰도 쳤은 즉 살아 게시는 하나님의 군대를 모욕한 이 할례 받지 않는 블레셋 사람이리이까 그가 그 짐승의 하나와 같이 되리이다"라고 말씀 하고 있다. 다윗의 말은 오직 성령의 힘에 의해 고백을 하고 있으며, 드디어 전쟁 중에 적장 골리앗은 소년 다윗이 막대기를 가지고 자기에게 대적을 하는 것을 보며 "네가 나를 개로 여기고 막대기를 가지고 나왔느냐"라고 말하며 골리앗은 자기의 신들의 이름으로 다윗을 저주했다. 그러나 그 저주는 약발이 들지 않고 오히려 자기가 죽고 말았다. 이것을 보면서 여호와 하나님만이 참 신인 것이 증명이 되었다. 다시 돌아가 다윗은 "너는 칼과 창과 단창으로 내게 나아 오거니와 나는 만군의 여호와의 이름 곧 네가 모욕하는 이스라엘 군대의 하나님으로 네게 나아가노라"라고 강한 소리로 힘주어 이야기 했다.

골리앗은 자신이 의지하는 신들과 창과 칼 방패 단창이 있었다. 이것은 다시 말해 자신의 발차기의 힘을 의지한 것이며 다윗이 의지하는 것은 '만군의 여호와의 이름과 이스라엘 군대의 하나님의 이름 뿐'이었다. 골리앗의 자신의 발차기와 다윗의 성령의 발차기, 누가 승리를 거두었는가? 당연히 하나님의 성령의 발차기였다.

이미 목동시절부터 경험한 성령의 발차기는 블레셋 적군을 잡는 데까지 적용한 것이다. 비록 다윗은 보잘것없는 양을 치는 목동에 불과했지만 양을 칠 때 목숨 걸고 사자나 곰을 죽였던 다윗은 성령의 임재와 성령의 발차기가 강했던 사람이다. 사무엘상 17장 48절에서 49절에 "블레셋 사람이 일어나 다윗에게로 마주 가까이 올 때에 다윗이 블레셋 사람을 향하여 빨리 달리며 손을 주머니에 넣어 돌을 가지고 물매로 던져 블레셋 사람의 이마를 치매 돌이 그의 이마에 박히니 땅에 엎드려 지니라"고 말씀하고 있다.

이것은 골리앗의 발차기와 하나님의 발차기의 세기의 한판이었다. 모든 과학적인 데이터로는 이미 골리앗의 승리다. 그러나 막대기와 주머니의 돌 밖에 없었지만 '성령의 발차기'를 믿었고 의지했던 다윗의 승리였고 하나님의 승리였다.

이 일로 결국에는 다윗은 사울 왕을 이어 이스라엘의 2대 왕이 되었다. 왕으로서 실수도 있었지만 '하나님의 마음에 합한 자'로서 일생을 전쟁 중에 살았고, 하나님을 의지하는 '성령의 발차기'의 대표적 인물이라 생각할 수 있다.

에서를 걷어차심

하나님은 야곱을 사랑하고 에서를 걷어차셨다. 언제부터인가 그것은 이미 세상에 나오기 전부터 하나님의 계획하심이다. 야곱의 생애를 돌아보면 아버지를 속이고 장자의 축복을 받았던 일이 생각난다. 그랬더니 결국은 외삼촌한테 속임을 당하게 된다.

이스라엘 민족의 족보는 아브라함과 이삭과 야곱을 통하여 진행되고 있다. 즉 하나님의 뜻이고 섭리이다. 이삭이 죽을 때 야곱을 마음껏 축복해주는데 이것은 이삭의 말의 축복이라 생각 할 수 있지만 실상은 하나님이 이삭의 입을 빌려 축복하심이다. 축복은 다했는데 한발 늦게

에서가 이삭 앞에 나타났다.

창세기 27장 37절에 40절에 "내가 그를 너의 주로 세우고 그의 모든 형제를 내가 그에게 종으로 주었으며 곡식과 포도주를 그에게 주었으니 내 아들아 내가 네게 무엇을 할 수 있으랴 에서가 아버지에게 이르되 내 아버지여 아버지가 빌 복이 이 하나 뿐 이리이까 내 아버지여 내게 축복하소서 내게도 그리하소서 하고 소리를 높여 우니 그 아버지 이삭이 그에게 대답하여 이르되 네 주소는 땅의 기름짐에서 멀고 내리는 하늘 이슬에서 멀 것이며 너는 칼을 믿고 생활하겠고 네 아우를 섬길 것이며 네가 매임을 벗을 때에는 그 멍에를 네 목에서 떨쳐버리리라 하였더라"고 말씀하고 있다.

그뿐 아니라 또한 리브가가 우리 조상 이삭 한 사람으로 말미암아 임신하였는데 그 자식들이 아직 나지도 아니하고 무슨 선이나 악을 행하지 아니한 때에 택하심을 따라 되는 하나님의 뜻이 행위로 말미암지 않고 오직 부르시는 이로 말미암아 서게 하려 하사 리브가에게 이르시되 큰 자가 어린 자를 섬기리라 하셨나니 기록된 바 내가 야곱은 사랑하고 에서는 미워하였다 하심과 같으니라 그런즉 우리가 무슨 말을 하리요 하나님께 불의가 있느냐 그럴 수 없느니라(롬9:10-14).

이미 태어나기 전부터 야곱은 하나님의 사랑을 받기로 예정되어 태어난 인물이고 에서는 하나님께서 발로 걸어차임을 받도록 하고 태어난 인물이다. 이것은 하나님의 계획과 섭리에 의한 것이기 때문에 우리가 하나님께 항의하거나 문제를 제기할 수 있는 것이 아니다.

즉 지금 그리스도를 믿지 않는 수많은 사람들을 바라보면서 이것은 분명 하나님의 걸어차이심을 받은 것으로 느껴질 수가 있다. 그렇지 않고서야 왜 이렇게 하나님 앞으로 나오지 못하는지 안타까울 뿐이다. 그러나 자신 스스로도 '나는 성령의 발차기'를 받은 사람이라고 확신이 든다면 이보다 행복한 사람은 없을 것이다.

사울을 걷어차심

사무엘 선지자를 통하여 사울은 이스라엘의 제 1대왕이 되었다. 그러나 그가 하나님의 명령을 어겼을 때 하나님은 그를 버리시려고 마음을 먹었다. 무엇이 문제인가? 하나님이 그를 왕으로 세웠지만 그 사명을 감당하지 못했기 때문에 과감히 그를 버리게 되었다. 그 사실을 사무엘 선지자에게 알려주었다. 사무엘상 16장 1절에 "내가 이미 사울을 버려 이스라엘 왕이 되지 못하게 하였거늘 네가 그를 위하여 언제까지 슬퍼하겠느냐"

사울은 이미 하나님의 뒷 발차기로 왕의 자리에서 떨어지게 되었다. 하나님이 발로 차시면 어느 누구도 이의를 제기할 수 없다. 하나님의 사랑하는 선지자 사무엘이 '사울을 향하여 안타까운 마음으로 기도해도 이미 하나님 이 발로 차버린 상태라 회복이 불가능한 것이다.'

하나님이 지으신 인간들은 교만하면 안 된다. 비록 하 나님의 선택에 의하여 왕이 되었지만 왕으로서 위반사항 이 나타났을 때, 과감히 발로 걸어차시는 분을 기억해야 만 한다. 아담과 하와가 그 좋은 에덴동산에서 버림을 받 아 험난한 세상에서 살다가 결국은 죽어버렸고 또 그 이 후 수많은 사람들이 성령으로 시작하여 육체로 마쳤다.

사울 왕을 바라보면서 우리는 결코 자신의 신분에서 벗어나는 일을 해서는 안될 것이고 바울이 말한 것처럼 '두렵고 떨림으로 구원을 이루어야 할 것이다'

여호와께서 아브람에게 이르시되 너는 너의 고향과 친척과 아버지의 집을 떠나 내가 네게 보여줄 땅으로 가라(창12:1)

3 장

신약에서의 성령의 발차기와 걷어차심

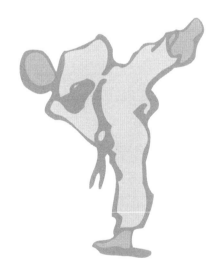

스데반의 성령의 발차기

    스데반은 초대교회의 신실한 집사로서 성령의 은혜가 충만했던 사람이다. 주의 복음을 전함에 있어 살인의 위험 속에서도 결단코 굴복하지 않고 주의 복음을 전한 자이며 사울 이며 바울인 유대교인을 하나님 앞으로 돌아오게 하는데 큰 역할을 했던 사람이다. 스데반은 이미 하나님으로부터 '성령의 발차기'를 받은 사람으로서 놀라운 힘으로 유대인을 향하여 '성령의 발차기'를 시도했던 집사였다.

    스데반이 말씀의 발차기를 하자, 발차기에 얻어맞은 유대인들은 오히려 분노가 하늘까지 치솟았고 오히려 스데반은 돌로 쳐 순교에 이르도록 했다. 그의 온 몸은 부서졌지만 하나님은 기뻐하셨으며 더욱 하늘나라에서 그의 이름은 빛났고 가고 오는 세대에 스데반의 이름은 하늘의 별과 같이 빛나게 되었다.

즉 하나님의 임재, 성령의 발차기가 하나님으로부터 시작되면 상대방은 놀라운 하나님의 은혜가 임하게 되고 남을 향하여도 '성령의 발차기'가 나가게 된다. 또 무엇이든지 자신감과 능력이 생기게 된다. 스데반의 성령의 발차기는 하나님의 섭리와 뜻에 의하여 순교에 이르게 되었다.

그들이 돌로 스데반을 치니 스데반이 부르짖어 이르되 주 예수여 내 영혼을 받으시옵소서 하고 무릎을 꿇고 크게 불러 이르되 주여 이 죄를 그들에게 돌리지 마옵소서 이 말을 하고 자니라(행7:59-60).

바울의 성령의 발차기

사울은 스데반이 순교할 때 증인들의 옷을 맡고 있던 사람이다. 스데반이 죽는 상황들을 자세히 알고 있었다. 사울이 스데반의 죽는 모습을 바라보고 있을때, 하나님의 '성령의 발차기'가 서서히 사울을 향하여 다가오고 있었다. 스데반이 이 땅에서의 사명이 끝나자 그 발차기는 사울을 향했던 것이다.

그런데 얼마 후 사울이 다메섹도상에 이르렀을 때 '해보다 빛나는 광채'가 사울 이라는 바울을 비추고 주님의 음성이 들렸다. 사도행전 26장 14절에 "우리가 다 땅에 엎드러지매 내가 소리를 들으니 히브리 말로 이르되 사울아 사울아 네가 어찌하여 나를 박해 하느냐 가시채를 뒷발질하기가 네게 고생이니라”고 말씀하고 있다. 하나님의 선택과 예정에 의해서 하나님의 부르심을 받은 이방의 사도바울은 자기의 마음대로 할 수 있는 것이 아무것도 없었다. 하나님의 시간의 때에 바울은 ‘성령의 발차기’를 통하여 부르시고 있으며 ’지금까지 너는 나를 박해 했는데 실상 그것은 가시채를 뒷발질하는 행위’임을 알려주신 것이다.

그리고 우리가 성령 안에서 행하지 아니하는 앞 발차기나 뒷발치기는 결국 인생에 있어서 실패를 가져오는 것이다. 사울은 유대교인의 입장으로서 예수 이단의 무리들을 붙잡아다가 죽이는 것이 바른 행위 즉 바른 발차기 인 줄 알았지만 실상은 그것은 ’가시채를 뒷발차기’했던 것이다. 사울은 다메섹 도상의 예수 그리스도로부터 ‘성령의 발차기’를 제대로 배운후, ‘가시채로 뒷발질 의 행위’를 버리고 오직 성령님의 인도하심을 따라서 성령의 발차기를 시도했고 결국은 주를 위하여 순교의 자리에 까지 들어가게 되었다. 우리 또한 ‘가시채를 뒷발질’하는 행위를 버리고 주님의 발차기를 통하여 전도에 정진해야 할 것이다.

내가 달려갈 길과 주 예수께 벋은 사명 곧 하나님의 은혜의 복음을 증언하는 일을 마치려 함에는 나의 생명조차 조금도 귀한 것으로 여기지 아니하노라(행20:24).

베드로의 성령의 발차기

베드로는 예수님이 부르신 제자였고 주님의 지극한 사랑을 받았다. 베드로는 주를 위하여 죽을 각오로 맹세했다. 그러나 주님의 운명의 날이 다가왔을 때 주님을 배신하며 저주까지 했던 인물이다. 자기로서는 어찌할 수 없는 상황이었다. 자기 자신도 신뢰할 수 없는 상태가 되었다.

베드로는 자기 스스로 주님을 위하여 '무언가'하고 싶었지만 몸과 마음이 따라주지 못했고 연약한 자리에 들어갔다. 자기 나름대로 과감한 발차기를 시도하며 앞날을 개척하려 했지만 결코 아무것도 할 수 없는 존재임을 깨닫게 되었다. 계집종의 외침에 부인하며 저주하고 도망가는 베드로, 어떻게 이런 지경에 이르게 되었을까? 베드로뿐 아니라 예수님의 다른 제자들도 다 도망가고 말았다. 즉 '자신의 발차기'를 시도했던 자들은 예수님의 곁을 떠난 것이다.

베드로가 대답하여 이르되 모두 주를 버릴지라도 나는 결코 버리지 않겠나이다 예수께서 이르시되 내가 진실로 네게 이르로니 오늘 밤 닭 울기 전에 네가 세번 부인하리라(마26:33-34).

이렇게 연약했던 베드로가 지금까지 '자신의 발차기'를 버리고 예수님 부활 후에 겸허히 자신을 내려놓고 오순절 마가의 다락방에서 하늘로부터 내리는 성령의 임재, 다시 말해 '성령의 발차기'가 하나님으로부터 가해지자 베드로는 사람이 달라졌다. 사도행전 2장 41절에 "그 말을 받은 사람들은 세례를 받으매 이 날에 신도의 수가 삼천이나 더하더라"고 말씀하고 있다.

지난날에는 계집종에게 '뒷발질'에 차이며 인간적 수모를 당했던 베드로가 이제는 놀랍게 변한 것이다. 오순절 마가의 다락방에서 하늘로부터 '성령의 발차기'가 임한 후 베드로는 놀라운 주님의 사역자가 된 것이다. 다른 제자들 역시 마찬가지이다. 오순절 마가 다락방, 성령님의 발차기가 임한 후에는 모든 불신자에게 성령의 발차기를 하는 제자들로 변신하게 된 것이다.

성령의 임재없이는 어떠한 전도도 불가능한 것이다. 하나님의 발차기를 강하게 받으면 받을 수록 사역은 놀랍게 빛이 나는 것이다. 베드로는 어떤 제자들보다도 더욱 두드러졌던 것은 '성령의 발차기'가 하나님으로부터 더욱 강하게 임했던 이유이다.

율법이 들어온 것은 범죄를 더하게 하려 함이라 그러나 죄가 더한 곳에 은혜가 더욱 넘쳤나니(롬5:20).

오순절 마가 다락방에서 성령의 발차기의 임재를 경험했던 베드로는 기독교 역사상에 빛나는 제자가 되었다. 전에는 연약했던 그가 모든 사람들이 벌벌 떠는 제자가 되었고 그의 권위를 하나님께서 높여주셨다. 분명 성령의 발차기의 은혜가 임하면 남에게도 '성령의 발차기'를 시도하게 되는데 그때마다 놀라운 성령의 역사가 나타나 사람마다 변화가 일어나게 된다.

이미 앞서 말한 것처럼 수많은 군중 앞에 하나님의 말씀 즉 '성령의 발차기'를 시도하자 그 말씀의 발차기에 얻어맞은 3천명이 하나님 앞에 굴복하고 하나님 앞에 돌아오게 되었다. 성령의 발차기가 아니면 결코 일어날 수 없는 상황인 것이다. 내가 차는 발차기는 한 사람을 쓰러뜨릴 수 있으나 성령의 발차기는 인원에 관계없이 수많은 사람을 하나님께 돌아오게 할 수 있다.

　　성령의 발차기에 온 몸을 던졌던 베드로는 가고 오는 세월 속에 기독교인들에게 모범이 되는 사람으로 우리 기억 속에 남게 되었다. 우리 역시 하나님으로부터 가해지는 '성령의 발차기'의 주인공이 되어야 할 것이다.

가룟 유다를 걷어차심

예수님 당시 주님의 제자가 되어 돈 맡는 회계를 하며 예수님과 함께 동거동락 했던 인물이다. 그런데 그는 예수님을 팔아먹는 자리에 들어가게 되었다. 요한복음 13장 2절에 "마귀가 벌써 시몬의 아들 가룟유다의 마음에 예수를 팔려는 생각을 넣었더라"고 말씀하고 있다. 이 말씀을 보면 '예수님을 팔 생각'은 가룟 유다가 주체가 아니고 마귀라는 것이다.

가룟유다를 향해 "차라리 나지 않았으면 좋았을 뻔 했다"라고 말씀하시는 주님은 유다를 향해 안타까운 마음을 가지셨다. 왜냐하면 이제 죽으면 영원한 지옥이 기다리고 있었기 때문이다. 유다의 개인적 생각으로 예수님을 팔아먹었을까? 아니면 유다는 죄가 없는데 마귀가 들어가서 어찌할 수 없이 예수님을 팔아먹게 되었을까?

오랜 세월 이 문제는 기독교계에 논쟁거리가 되었다. 그러나 분명한 것은 하나님의 선택과 예정이라는 것이다. 전능하신 하나님께서 이 지구를 통치하시는데 모르는 것이 어디 있겠으며 그분의 능력으로 하지 못할 것이 어디 있겠는가?

가룟유다가 안타까운 것은 다른 예수님의 제자들처럼 하나님으로부터 '성령의 발차기'를 받아 다시 '성령의 발차기'의 주역이 된 것이 아니고 하나님께 걸어차임을 받는 자가 된 것이다. 성령의 발차기나 하나님의 걸어차심은 나에게서 발생되는 것이 아니고 하나님께로부터 오는 것이다.

부자 청년을 걷어차심

예수님 당시에 젊은 부자 청년이 있었는데 예수님에 대한 소문을 이미 고향에서 듣게 되었을 것이다. 그래서 예수님이 있는 곳을 향해 오게 되었다. 당시는 걸어 다니는 시절이라 많은 고생이 있었겠지만 그분의 제자가 될 수 있다는 기대감 하나로 길을 떠난 것이다.

이제 그 부자청년은 예수님과 인터뷰가 시작되었다. 그것이 통과 되어야만 제자가 되는 것이다. 그런데 이상한 것은 다른 제자들은 인터뷰 없이 제자가 되었다. 예수님이 "나를 따르라!"고 말하면 그 즉시 제자가 되었다. 그러나 이 청년에게는 인터뷰가 있었던 것이다.

부자 청년과의 대화이다.

"선생님이여 내가 무슨 선한 일을 하여야 영생을 얻겠
습니까?"
"네가 생명에 들어가려면 계명들을 지키라!"
"어느 계명입니까?"
"살인하지 말라, 간음하지 말라, 도적질하지 말라,
거짓 증거하리 말라, 네 부모를 공경하라, 네 이웃을
네 몸과 같이 사랑하라!"
"이 모든 것을 내가 지키었사오니 아직도 무엇이
부족합니까"
"네가 온전하고자 할진대 네 소유를 팔아 가난한 자들
을 주라 그리하면 하늘에서 보화가 네게 있을 것이다.
그리고 나를 따르라"

이것이 부자 청년과 예수님의 인터뷰 내용이다. 그러
나 그 부자청년은 돈 문제 때문에 주님을 따르지 못하고
자기 갈 길로 가고 말았다. 이 청년에게는 일생 일대의 예
수님과의 만남이었다. 주님은 그 청년에게 '재산을 가난
한 자들에게 나누어주고 나를 따르라' 했지만 따르지 못
한 것이다. 아마 그 청년은 고향으로 돌아가 결혼을 하고

나중에는 재산을 자식들에게 물려주고 세상을 떠났을 것이다. 영원한 존재인 것 같던 재물도 결국은 얼마 후에는 사라지는 것이다.

물질의 주인이 시요 사람을 창조하신 주님의 말씀에 고개를 갸우뚱하며, 자기가 걸어왔던 길을 향해 돌아가버리는 부자 청년, 지식적으로는 성경을 아는 것 같지만 실상은 모르고 있는 자였다. 자기의 발차기로, 또 자기의 경험으로 예수님께 찾아왔지만 제자 되는 시험에는 불합격된 것이다. 부자 청년이 생각할 때는 '이만하면 되었다'라고 생각했을 것이다.

그러나 주님은 알았다. 멀리서 자기를 찾아 온 부자 청년을, 그래서 약간의 테스트를 거쳐 본질적인 문제 "재산을 다 내놓고 나를 따르라!"는 문제에 걸려들게 되었다. 그런데 이것은 실상 부자에게만 말씀하시는 주님의 음성이 아니고 모든 기독교인에게 하시는 말씀이다. 주님 앞에 남김없이 다 내놓아야 하늘나라 제자 되는 조건에 부합되는 것이다. 세상에서 가진 것 있는 자, 다 내놓고 주님 앞에 서야만 합당한 것이다.

그런데 결론적으로 부자 청년은 주님이 부르신 자가 아니었다. 주님이 부르신 자였다면 삭개오처럼 재산을 하나님께 드렸을 것이다. 부자 청년이 '자신의 발차기'로 주님 앞에 왔지만 선택된 제자가 아니었기 때문에 제 발로 주님 곁을 떠날 수밖에 없었던 것이다.

요한복음 15장 16절에 "너희가 나를 택한 것이 아니요 내가 너희를 택하여 세웠나니 이는 너희로 가서 열매를 맺게 하고 또 너희 열매가 항상 있게 하여 내 이름으로 아버지께 무엇을 구하든지 다 받게 함이라"고 말씀하고 있다. 예수님의 제자들은 스스로 제자가 되었던 것이 아니고 예수님이 부르신 자만 제자가 될 수 있는 것이다.

부자 청년이 부자였고 지혜와 총명이 있었지만 주님의 선택된 제자가 아니었기에 결국은 주님이 그를 걷어차신 것이다. 그가 아무리 예수님의 제자가 되려고 노력했지만 자기의 힘과 능력으로는 가능하지 못한 것이다. 모든 인류의 역사는 오직 하나님의 능력으로 운행 되어지는 것이다.

내가 지금 '성령의 발차기'의 주인공이 되어 세계를 누비며 복음을 증거하는 자가 되었다면 그것은 나의 힘과 능력이 아닌 주님의 능력과 권능에 힘 입은 바가 된 것이고 '주님의 발차기'가 내게 임한 것이다. 그러니 우리는 자랑할 것이 아무것도 없는 존재인 것이다.

돈 많고 똑똑한 청년도 주의 종으로 부르심을 받지 못했는데, 부족하고 연약한 우리가 그분의 '발차기'의 힘을 입어 온 세계에 복음을 증거할 수 있으니 이보다 감사한 일이 있겠는가 우리가 다 땅에 엎드러지매 내가 소리를 들으니 히브리 말로 이르되 사울아 사울아 네가 어찌하여 나를 박해하느냐 가시채를 뒷발질하기가 네게 고생이니라(행26:14)

4장

이상덕 선교사의 성령의 발차기를 생각함

나의 성령의 발차기 시작

    나의 성령의 발차기의 본격적인 시작은 지금으로부터 10여년전으로 거슬러올라간다. 성령의 발차기를 좀더 쉽게 이해하자면 예를 들어 치유사역자가 환자를 위하여 머리에 손을 올려놓고 기도하면 성령의 임재로 쓰러지는 경우처럼 '성령의 발차기'도 표면적으로는 이와 비슷하다. 내가 60세 전에는 발차기를 상대방을 향하여 수없이 날렸어도 녹다운 된 적이 없었다. 그래서 나는 기도했다.

    "하나님! 제 대신 태권도 사역을 할 차세대 '젊은 피'를 보내주시든지 아니면 나에게 20대의 젊음을 주시든지, 두 가지 중에 한가지를 해주십시오!"

당시 한국에서 모 목사님이 필리핀을 방문하셨는데 특별히 예언의 은사가 강하신분이었다. 그런데 그분이 말씀했다.

"이상덕 선교사님은 필리핀에서 태권도 사역을 오랫동안 하셨는데 하나님께서는 그 뿌린 씨앗의 열매를 거두시기를 원합니다. 그리고 20대의 젊음을 주신다고 합니다."
"아멘!"

당시 체중 80킬로그램이었는데 바나나를 먹으면서, 매월 2.5킬로그램을 10개월동안 28킬로그램이 감량이 되었다. 몸은 백지처럼 가볍고 날아갈 것만 같았다. 그래서 나는 제자들을 일렬로 세워 놓고 발차기를 시도했다. 그리고 가볍게 발차기를 했는데 녹다운이 되는 것이다. 마치 개구리가 쭉 뻗은 형태가 되었다. 정말 놀라운 광경이었다.

평생 태권도를 했지만 앞 발차기로 상대방이 녹아웃되는 것은 처음이었다. 강하게 걷어찬 것도 아니요 가볍게 찬 것이며 8명이 이와 같이 쭉 뻗은 것이다. 나는 겁이 났다. 그래서 쓰러진 제자들을 향해 2-3분 기도해주니까 일어나는 것이었다.

　놀라는 그들을 향하여
"이것은 성령의 발차기이다"라고 말했다.

　이 성령의 발차기는 그때부터 내 가슴 속에 메아리 쳤던 것이다. 하나님께서 태권도 사역에 힘을 실어주기 위해서 '성령의 발차기'를 덧입혀주신 것이다. 다윗의 골리앗과의 전쟁에서 골리앗은 중무장한 장군이었지만 목동 다윗은 막대기와 돌을 가지고 있었다. 그것이 전부였다. 그러나 한가지 더 '성령의 발차기'의 은혜를 다윗은 덧입게 된 것이다.

　나의 제자들은 나의 기도로 '녹 아웃'상태에서 기도를 받고 다시 일어났지만 골리앗은 다윗의 성령의 발차기로 이마에 돌맹이가 박혀 즉사하고 말았다. 즉 이것은 하나님의 성령의 발차기 였던 것이다. 하나님을 의지하고 앞으로 향하는 길에는 하나님의 발차기가 함께하기에 마귀의 권세를 완전히 부서버릴 수 있다.

　그러나 혼자 걷는 길에는 위기를 당했을 때 혼자의 발

차기만 있는 것이다. 이보다 불행한 사람은 없을 것이다.

독자들은 이쯤 해서 나를 한번 돌아보자 나는 성령의 발차기의 인도함을 받는 사람인가? 아니면 하나님께로 걷어차임을 받은 존재인가?

하나님의 발차기로 부름을 받지 못했다면 이보다 불쌍한 사람은 없을 것이다.

성령의 발차기와 체육관 화재

나의 태권도 사역이 30년 되었기 때문에 이제 누군가 에게 나누어줄 때가 되었다. 그런 것을 구상하면서 체육 관 정리를 하고 있었다. 그런데 2019년 9.월 18일 새벽 4 시에 체육관에 불이 났다. 불이 났지만 원인을 알 수 없는 불이었다.

그 빌딩은 체육관만 빼고는 다 옷 가게들인데 불이 나 면 옷 가게에서 불이 나야지 체육관에서 불이 나는 것은 이해 할 수 없는 일이었다. 그런데 가만히 생각해보니 화 재로 인하여 제자들에게 남겨줄 것이 하나도 없게 된 것 이다. 이제는 제자들의 분쟁의 요소가 없어졌다. 다 불에 타 재가되었기 때문이다.

모든 것이 하나님의 섭리와 뜻으로 생각하는 나는 이것은 단순한 화재 사건이 아닌 것 같았다. 하나님께서는 앞으로 내가 겪을 갈등의 문제를 한번에 해결해 주신 것이다. 모든 것이 제로가 되었기 때문에 무슨 분쟁의 소지가 없다. 모든 것이 재가 되어버리면 분쟁은 사라진다. 이것이 바로 하나님이 나에게 베푸시는 은혜가 될 것이다. 분쟁은 서로 가지려고 또 좋은 것을 먼저 가지려는 속에서 발생되는 것이다. 그런데 그 물건들이 재가 된다면 모든 갈등의 요소는 사라지게 된다.

하나님께서는 30년 태권도 사역을 마무리하는 입장에서 불로 태우심은 나를 사랑하심이요, 제자들을 사랑하심이다. 오직 나와 너 안에 예수그리스도의 영, 성령의 충만하심, 다시 말하면 하나님께서 나와 함께 하시는 '성령의 발차기'만 소유하고 있다면 이보다 더 큰 축복은 없으며 이세상 살아가는데 두려움이 없는 것이다.

체육관에 잠재되어 있는 세상적인 욕망을 하나님께서는 다 불로 태우신 것이다. 이불은 일반적인 불이 아니요

'성령의 불'도 함께하고 있는 것이다. 또한 불이 나면 새롭게 리모델링하는 것처럼, 나의 태권도 사역 30년을 정리하고 새롭게 일어서라는 그분의 뜻이 있는 것이다.

한편으로는 태권도 도장의 화재로 인하여 모든 것이 불타, 한편으로는 속상한 마음도 없지 않지만 다시금 돌아보니 이것은 인간적인 마음으로 해석할 수 있는 의미가 아니라 하나님의 방법으로 해석만이 가능했던 것이다.

이는 내 생각이 너희의 생각과 다르며 내 길은 너희의 길과 다름이니라 여호와의 말씀이니라(사55:8).

하나님의 명품 만드는 법과 순종

하나님께서 우리의 삶에 있어 명품을 만들기를 원하신다. 우리가 무엇을 하든지 자신의 욕심에 의해서 하는 것이 아니라 하나님의 뜻을 따라 순종해야만 한다. 그러면 우리의 길이 환하게 열리게 된다. 사도행전 1장 8절에 "오직 성령이 너희에게 임하시면 너희가 권능을 받고 예루살렘과 유다와 사마리아와 땅끝까지 이르러 내 증인이 되리라"고 하셨다. 그런데 성령을 받았는데 왜 역사가 일어나지 않느냐?

그것은 순종의 발걸음 하나를 디딛지 못하기 때문에 일어나는 현상이다. 예를 들어 운전면허증을 받았으면 운

전을 해야 되는데 겁이 나서 차를 끌고 나가지 못하는 것
이다. 그래서 그 운전면허증을 장롱 속에 넣어두고 운전
을 하지 못한다면 그 사람에게 있어 운전면허증은 아무
소용이 없다.

성령이 임하면 곧 바로 영적 전투장에 나가는 것이 된
다. 하나님이 주신 성령의 능력, 성령의 권능, 성령의 발
차기의 힘을 얻어 앞으로 나아가면 놀라운 기적과 역사가
일어나게 된다. 그리고 이세상을 자기 마당처럼 생각하고
정복을 할 수 있게 된다.

신명기 28장 1절과 2절에 "네가 네 하나님 여호와의 말
씀을 삼가 듣고 내가 오늘 네게 명령하는 그의 모든 명령
을 지켜 행하면 네 하나님 여호와께서 너를 세계 모든 민
족 위에 뛰어나게 하실 것이라 네가 네 하나님 여호와의
말씀을 청종하면 이 모든 복이 네게 임하며 네게 이르리
니"라고 말씀하고 있다.

위의 말씀대로 준행하면 으뜸이 가는 삶, 으뜸이 가는
가족, 으뜸이 가는 교회, 으뜸이 가는 선교,으뜸이 가는
나라로 만들어 주실 것이다. 이것은 하나님께서 우리에게

약속하신 말씀이다. 그러나 안 되는 것은 우리가 순종의 발걸음을 내딛지 못했기 때문이다.

사무엘이 이르되 여호와께서 번제와 다른 제사를 그의 목소리를 청종하는 것을 좋아하심 같이 좋아하시겠나이까 순종이 제사보다 낫고 듣는 것이 숫양의 기름보다 나으니(삼상15:22).

모든 초점은 성령의 발차기를 따라

사도행전 1장 8절의 "오직 성령이 너희에게 임하시면 너희가 권능을 받고 예루살렘과 온 유대와 사마리아와 땅 끝까지 이르러 내 증인이 되리라 하시니라"고 말씀하고 있다. 우리 기독교인의 모든 초점은 성령으로 시작하여 성령으로 마치게 된다.

즉 성령이 임하지 않는 상태에서는 우리는 아무것도 할 수 없고 '무능한 인간' 그 자체만 남게 된다. 내 자신도 나약하고 아무것도 할 수 없는 존재였지만 하나님의 발차기 즉 '성령의 발차기'를 통하여 이곳 필리핀 땅에서 30년 간 머물게 하셨다. 그분이 나를 발로 차서서 이곳까지 오게 된 것이다.

성령의 발차기가 우리에게 임하면, 하나님께서 오래 전 계획대로 그 용도에 맞게 사용하신다. 우리가 주체가 아니고 하나님이 주체 이시다. 감독되시는 하나님의 명령 대로 선수인 우리는 경기하는 일생 동안 운동장에서 코치 를 받게 된다.

우리는 사도행전 1장 8절의 말씀에 초점을 맞추어 국 내에서는 전도, 해외에서는 선교를 진행해야 하는데 이것 을 중심으로 사업도 하고, 글도 쓰고, 태권도도 하고, 컴 퓨터도 하고, 그러면 하나님의 영광이 이 땅에서 나타나 게 된다.

우리 기독교인들의 모든 초점은 '성령의 발차기'를 따 라야만 온전한 승리, 완전한 승리를 거둘 수가 있다. 성령 의 발차기를 따르지 않는 모든 삶은 불행하고 실패한 삶 이 될 것이다.

나의 발차기의 시작과 하나님의 보호

내 중학교 시절의 학교 풍경은 험악했다. 면학분위기가 아니고 주먹이 강한 학생이 지배하는 구조였다. 나 또한 최소한의 운동으로 무장하지 않으면 조폭 비슷한 학생들에게 맞을 수 밖에 없는 상황이었다.

그래서 운동을 배우기 시작했는데 그것이 태권도였다. 그 운동은 나를 중학교 졸업하고 고등학교 졸업하고 3사관학교 입학과 졸업 그리고 대위로 제대하고 부산에서 태권도 도장을 차리고 하나님의 음성을 듣고 필리핀 땅으로 와서 30년간 태권도 사역을 마치게 되는 상황에 놓이게 되었다.

나는 태권도에 전념하기 위하여 시골집 처마 밑에 새 끼줄로 공을 묶어 놓고 밖으로 나가거나 들어올 때 발차기 연습을 했다. 누가 시킨 것도 아니지만 그렇게 발차기는 시작이 되었다. 한평생 나는 발차기를 사용하면서 살아온 사람이다. 태권도 7단까지 받았으니 얼마나 발차기를 많이 했겠는가?

이제 세월이 흘러 몸이 쇠약해 질 무렵 하나님께 나의 상황을 아뢰며 기도할 때 깊은 깨달음을 얻게 되었다. 그것은 바로 "성령의 발차기!"였다. 지금까지는 나의 힘으로 발차기를 했는데 또 다른 '발차기'가 있었다는 것이다. 내가 힘이 있는 젊은 날에는 미처 깨닫지 못했던 진리였다. 그래서 필자는 '성령의 발차기'를 중심으로 성경을 보았더니 성경은 '성령의 발차기'의 역사였음을 발견하게 되었다. 그래서 필자는 "상덕아 내 계명을 지켜라" 후속 편으로 "성령의 발차기"를 쓰게 되었다.

중학교 2학년 때 발차기의 시작은 미미했지만 실상은 하나님의 발차기가 그때도 나와 함께하셔서 당시 불량배들 속에서 보호해주시고 바른 길 가게 하셨다. 그때는 아직 예수그리스도를 나의 구원의 구주로 영접하지 못했을 때이다. 그럼에도 불구하고 하나님은 나를 지키시고 보호하셨다.

다만 하나님의 시간의 때가 안되었을 뿐이지 그분은 만세 전에 나를 택하여 주의 종으로 삼으시고 선교사로 만드시고 목사를 만드실 계획이 영원 전부터 있었다. 어린 시절부터 하나님의 신은 나와 함께 있어 보호하시고 인도하신 것이다. 이스라엘 백성을 40년간 낮에는 구름 기둥으로 밤에는 불기둥으로 인도하심 같이 나의 중고등학교 시절 그리고 사관학교 때 주님을 만나기 전까지도 불꽃 같은 눈으로 살피셨다.

나의 중학교 때의 발차기의 시작은 나로부터 시작된 것이 아닌 하나님의 오래 전 섭리에 의하여 시작되었음을 생각할 때 하나님의 은혜에 감사할 뿐이다.

하나님의 권능과 뜻대로 이루려고 예정하신 그것을 행하려고 이 성에 모였나이다(행4:29).

이는 내 생각이 너희의 생각과 다르며 내 길은 너희의 길과 다름
이니라 여호와의 말씀이니라(사55:8)

5 장

발차기로 세계를 빛낸 주역들

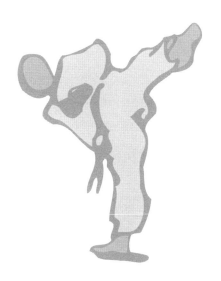

다윗 왕의 나라와 민족을 위한 발차기

    그가 이스라엘의 2대왕이 될 수 있었던 것은 결론적으로 블레셋의 적장 '골리앗'을 돌멩이로 그 이마에 적중 시켰을 뿐 아니라 돌이 그 머리에 박혀 죽게 된 것이다. 이것은 다윗과 이스라엘의 승리이기도 하지만 더욱 확실한 것은 하나님의 승리였다. 선민 이스라엘을 우습게 여기고 조롱하는 블레셋과 골리앗을 향해 던진 돌이 정확히 골리앗의 이마를 적중시켰던 것이다.

    다윗이 왕의 임무를 다 마치고 죽은 후에도 골리앗 사건은, 수천 년이 지나도록 다윗의 무용담과 아울러 하나님의 승리로 우리들에게 전해져 오고 있다. 비록 다윗은 당시 어리고 양을 치는 목동의 신분이었지만 하나님을 경외하고 나라와 민족을 사랑하는 그 마음을 결코 어리지 않았다.

다윗은 민족 정신이 투철했고 이스라엘은 어느 나라도 감히 엿볼 수 없는 나라임을 확신하고 있었다. 또한 왕의 재임기간에도 나라와 민족과 백성을 사랑하는 마음은 언제나 한결 같았다. 민족주의자 다윗은 왕이 되기 이전, 소년시절부터 그랬던 것이다.

하나님을 모르고 교만하고 방자한 '골리앗'이 다윗의 발차기 한방에 꼬꾸라 진 것이다. 하나님께서 이스라엘의 목동 소년 다윗을 택하여 이스라엘 민족이 수모와 조롱 속에서 해방을 받게 하신 것이다. 하나님은 다윗을 눈여겨 보시다가 하나님의 때에 그를 불러 민족의 지도자로 등극할 수 있는 길을 마련해 주셨던 것이다.

우리 기독교인들은 수많은 세월을 걸치면서 다윗의 용맹스러운 발차기를 바라보면서 하나님을 찬양한다고 본다. 다윗과 함께하시는 하나님은 우리의 하나님 이심을 한시라도 잊어서는 안될 것이다

안중근 의사의 나라와 민족을 위한 발차기

　그는 1879년에서 1910년까지 이 땅에 살다간 독립운동가이다. 그는 1907년 연해주로 망명하여 의병 운동에 참가했고, 1909년 만주의 하얼빈 역에서 '이토 히로부미'를 사살했다. 사살된 일본의 '이토 히로부미'(1841-1909)는 총리대신과 추밀원 의장을 지냈고 주한특파대사로 을사조약을 강제로 체결했고 1905년 초대 조선통감으로서 우리나라 국권 강탈을 준비 중 이었는데 1909년 하얼빈 역에서 안중근 의사에 의하여 생을 마치게 되었다.

　안중근의사 순국 100주년 기획 '안중근의 마음'을 시청하게 되었다. 거기에는 더욱 자세하게 그리고 많은 안중근의사의 역사적 자료들이 있었다. 마치 110년전일이 어제처럼 전개되고 있었다. 그리고 당시 촬영기로 찍은 동영상이 있어 당시 상황을 이해하는데 도움이 되었다.

안중근은 대한민국을 삼키려는 적장 '이토 히로부미'를 멸시와 천대를 받는 대한민국의 이름으로 사살하려고 모든 준비를 끝낸 상태였다. 안의사의 마음은 마치 수천 년 전 골리앗과 전투하던 다윗의 마음이었다. 하나님이 선택한 한국민족을 업신여기고, 개처럼 여기던 일본을 향하여, 또 이토 히로부미를 향하여, 안중근은 중국 하얼빈 역에서 방아쇠를 당겼다. "탕! 탕! 탕! 탕! 탕! 탕!" 여섯 발의 총알 중 세 방이 가슴에 맞았다. 우리 민족을 지옥으로 끌고 가려는 '이토 히로부미'는 마치 골리앗처럼 즉사하고 말았다.

수천 년 전 골리앗의 머리가 돌로 인해 부서진 것처럼 그의 가슴도 산산히 부서졌으며 지금도 피로 얼룩진 적장의 옷이 일본에 보관되어있으며, 적장을 향했던 그 총알은 아직도 보관되어 있다. 그런데 신기하게도 총알 앞부분은 십자가 문양이 새겨졌다. 안중근의사가 미리 새겨놓은 것이라 생각하고 있다.

그는 하나님을 믿었던 사람이고 하나님을 의지했던 사람이고 또 하나님의 이름으로 적장을 향해 방아쇠를 당겼던 것이다. 안중근은 사형이 언도되었고 안중근은 항소를 포기했다. 구차하게 일본에게 목숨을 구걸하지 않았다. 사형에서 순국까지 '뤼순'감옥에서 40일을 지냈다. 그때 그는 평생에 남는 글을 썼다. 그런데 그 글 중 하나를 일본인 간수에게 주었는데 '독립'이었다. 안중근이 죽은 후 25년이 지난 어느 날 간수 '시타로마사오' 는 고향에 휴가차 돌아오면서 '독립'이라는 글자를 몰래 가지고 왔다. 당시 1935년, 안중근의 유묵을 보관할 때가 없었다. 그러나 그의 본가인 '절'은 그나마 안전한 장소였다.

안중근의 유묵을 보관하고 있는 자체가 일본인으로서는 너무나 위험한 일이었다. 그래서 작은 할아버지가 두고 간 '독립'을 공개하기로 했다. 55년동안 '독립'을 보관하고 있느라고 마음의 부담이 있었고 그리고 2000년 유묵을 공개할 용기를 내었다. 그런데 안중근의 유묵은 다른 간수에게도 주었고, 당시 감옥의 '교화승'이 안중근의 많은 유묵을 보관하고 있다가 나중에 세상에 알려지게 되었다. 그런데 안중근은 감옥에 있던 40일간 일본사람에게 한자로 쓴 유묵을 남겼고 그것이 오늘날 전해져 내려

오고 있다.

1909년 10월 26일 오전 9시 25분에 신문기자로 위장한 안중근의사는 이토 히로부미의 열 발짝 거리에서 6섯발의 총알을 날렸는데 그 중에 3발이 가슴과 배에 맞고 많은 피를 흘렸으며 타고 온 열차 안에 피신했다가 9시 30분에 사망했다. 그가 뤼순 감옥에서 쓴 글 중에 '국가 안위 노심초사'가 있는데, 이것은 국가 안위를 위하여 마음을 쓰며 애를 태운다는 말인데, 이것은 나라와 민족을 향한 안중근의 마음을 엿볼 수가 있다. 서른 한 살의 청년 안중근을 보면서 젊은 소년 목동 다윗이 생각이 난다.

그리고 '위국헌신 군인본분'이라는 유묵이 있는데 이것은 '나라를 위하여 몸을 바침은 군인의 본분이다'라는 말인데 안중근은 군인의 신분으로서 나라를 위하여 자신의 한 몸을 바쳐 죽는 것을 두려워하지 않았다. 비록 일본 사람들이 한국말을 모를 수 있지만 일본도 한자 문화권이었기 때문에 안중근의 글을 백 프로 이해하는 상황이 되었고 훗날에 안중근의 유묵을 전시했는데 일본 사람 대부분이 안중근을 나쁜 사람으로 인식했다가 안중근의사의 사진들과 글을 읽고는 의식이 바뀌어진 일본 사람이 많고 감옥에서 함께 있었던 간수들은 안중근 의사를 평생 잊지 못하고 자기 후손들에게도 그를 공경해야 된다고 가르쳤던 것이다.

그리고 그의 유묵 중에 '경천'이라는 것이 있는데 이것은 '하늘을 공경하라'는 뜻이다. 분명 안중근의사는 하늘에 계신 하나님을 공경하며 섬겼던 사람이다. 안중근의사의 '발차기'는 우리민족을 짓밟으려는 일본과 '이토 히로부미'를 향한 하나님의 발 차기였다. 그분 한 사람의 희생으로 시작하여 대한민국은 1945년 8월 15일 민족의 해방을 이루게 된 것이다. 나라와 민족을 위해 나한사람의 발차기가 중요한 것이다. 그러면 하나님의 신이 우리와 함께 하실 것이다.

블레셋 사람이 일어나 다윗에게로 마주 가까이 올 때에 다윗이 블레셋 사람을 향하여 빨리 달리며 손을 주머니에 넣어 돌을 가지고 물매로 던져 블레셋 사람의 이마를 치매 돌이 그의 이마에 박히니 땅에 엎드러지니라 다윗이 이같이 물매와 돌로 블레셋 사람을 이기고 그를 쳐죽였으나 자기 손에는 칼이 없었더라 다윗이 달려가서 블레셋 사람을 밟고 그의 칼을 그 칼집에서 빼내어 그 칼로 그를 죽이고 그의 머리를 베니 블레셋 사람들이 자기 용사의 죽음을 보고 도망하는지라(삼상17장:48-51).

모선교사의 남미 선교를 향한 발차기

　어느 선교사가 있었는데, 그분의 책이 나와 읽게 되었다. 그는 파란만장한 인생을 살았고 삶과 죽음이 교차하는 경계선에 있기도 했다. 사관학교를 나와 근무하다가 월남으로 파병 갔고 아직 월남이 공산화가 되기 전이었기 때문에 치열한 전쟁이 일어났고 특별히 미국이 월남에서 손을 털고 휴전으로 가려고 하기 때문에 특별히 월남과 월맹의 분쟁지역은 더욱 치열했다.

　예전에 한국전쟁 때에도 휴전협정이 있기 전 남한과 연합군 그리고 북한과 치열한 전투가 있었던 것이다. 왜냐하면 조금이라도 땅을 더 빼앗기 위해서였다. 모선교사는 당시 중대장으로서 미군부대와 서로 협력하며 월맹과 전쟁을 치열하게 하는 중인데 한번은 실탄과 보급품을 다섯 배나 지급하는 것이다. 그래서 180명의 해병 중대가 월맹 1개 사단과 열심히 싸웠다. 그랬더니 아군은 80명 남았고 적군은 1200명이 사망한 것으로 통계가 잡혔다. 그런데 문제는 미군으로부터 탄약과 보급품이 배달이 안 되었다. 그래서 중대장이 명령했다.

"나와 소대장 그리고 분대장은 자폭한다. 그러나 사병들은 백기 투항하라! 그러면 지금 20대초반이니 50년은 더 살 것이 아니냐!"

"아닙니다. 저희들도 살아서 뭐하겠습니까? 자폭하겠습니다."

자폭해야 할 이유는 싸움을 할 여력이 없었다. 실탄이 다 떨어졌기 때문이다. 그리고 얼마 후 천지를 진동시키는 폭발음이 들렸다. 모두다 죽은 것이다. 미군으로부터 보급품 전달이 끊어지자 한국군 중대의 나머지 80명이 자폭의 길을 택한 것이다. 그런데 시간이 흐르고 적막이 흐른 후 누가 중대장을 깨우는 것이다. 알고 보니 소대원이

중대장을 덮어서 살게 되었다. 그 중에서 살아난 사람은 중대장과 인사계 두 명이었다.

한국 해병중대 80명이 자폭한 후, 월맹군 사병이 확인사살을 하려고 윗사람에게 물어볼 때, "다 죽는 중에도 살아난 놈이다. 하늘이 도운 것이다. 그냥 나두어라!" 그래서 구사일생 살게 되었다. 나중에 미군이 커다란 폭발음을 듣고 헬기를 타고 현장을 보게 되었다.

한국 해병대 중대장이 미군 대령이 서있는 연병장에 내렸는데 그때 중대장은 권총을 빼서 강력한 소리로 말했다. "내가 너를 한국 해병대 중대 이름으로 사살한다. 너희들의 지휘하에 있는데, 우리에게 탄약을 보급해주지 않아서 모두다 자폭하고 말았다." 미군해병대 대령은 죽었고 중대장도 자결하려고 자기를 향하여 방아쇠를 당겼다. 그러나 총안에는 총알이 없었다. 그래서 미군 감옥에 들어가게 되었다.

그를 돕는 미군군목이 있었고, 또 한 분은 법무관이 있었다. 그런데 중대장이 감방에서 성경책을 읽고 있는 모습을 보게 된 것이다. 그래서 두 사람이 구명에 적극적이었다. 그런데 법무관 할아버지는 1890년대 군산 앞바다에서 2주동안 전도했던 선교사였다. 그 할아버지를 생각하면서 말하는 것이다. "너는 살아서 이 지구상에 복음이 증거되지 않은 곳에 들어가 복음을 증거해라! 이 일을 위해 우리가 구명운동을 할 것이다."

하나님께서 '성령의 발차기'로 모든 어둠의 사슬을 끊게 하시고 죽음에서 살려주셨다. 전쟁은 끝나고 대위에서 소령으로 진급을 시켜주었다. 모처에서 근무하던 중 한국 정부의 무능을 비판한 것이 상급지휘관에게 들려서 그는 일등병으로 강등했고 감옥으로 다시 들어가게 되었다. 3년이 지난 후 정보부에서 나와서 하는 말이 "네가 살수 있는 방법이 딱하나 있는데 한국을 떠나 이민을 가면 된다." 그 중대장은 그 시절 말 좀 못한 것 때문에 그런 고난을 당하게 된 것이다.

그래서 브라질로 이민을 가서 아마존 강에서 복음을 증거하는 사역자가 된 것이다. 이 선교사를 만세 전에 택하여 하나님의 자녀 삼으시고 선교사로 만드신 것이다. 사명자는 사명이 다하기까지 죽는 법은 없다. 수많은 죽음의 위기 속에서 건져주시고 월남전의 포화 속에서 살려주시고 중대원 들과 자폭하는 현장에서도 살려주시고 미해병대 중령을 죽이고 자신도 죽으려는 순간에서도 살려주시고 감방에서 사형선고를 받아 형장의 이슬이 될뻔한 속에서도 구출해주시고 또 바른말 하다가 감옥에 갇혀 죽음 같은 시간을 보낼 때에 정보원으로부터 "한국을 떠나면 살려준다"는 말을 듣고 이 땅을 떠나 낯선 이국 땅에 당도하여 그 밀림의 아마존 강에서 선교사역을 하게 된 것이다.

이 선교사의 파란만장한 생애는 자신이 만드는 것도 누가 계획한 것도 아닌 전능하신 하나님의 예정과 섭리에 따라 진행된 것이다. 이 선교사님을 하나님께서는 '성령의 발차기'를 통하여 이리저리 훈련하시며 아마존 강까지 몰고 오신 것이다. 이미 죽음의 경계선을 넘나들며 하나님의 발차기의 보호를 받고 있다.

이 선교사님에게는 마지막 주님이 부르시는 순간까지 그분의 '발차기'의 힘을 받으며 전진할 것이다.

신영균(배우)장로의 나눔을 향한 발차기

　배우 신영균은 현재 91세로서 초기 한국영화의 지대한 영향을 끼쳤고 이미 구 순을 넘었는데도 생존해 계시며 건강하게 활동하고 있다. 즉 살아있는 전설이라고 해야 맞을 것이다. 그의 고향은 황해도 평산군 금암면 필 대리 의 작은 마을이다. 그는 1928년 11월 6일 태어났다. 마을 은 100호 정도 있었고 아버지는 동네면장이자 소학교 이 사장이었다. 집안이 부농이었기에 어려움이 없었다.

　그런데 그의 나이 여섯 살 때 아버지가 병으로 돌아가 시면서 집안이 기울었고 30대초반에 홀로되신 어머니는 어린 삼 남매를 키우느라 고생이 많으셨다.

어머니가 배우 신영균에게 말했다.

"영균아! 너는 절대로 탈선하지 말아라 교회도 열심히
다녀야 한다."
신앙심이 깊었던 그의 어머니는 아침 저녁으로 기도를
드렸다.

배우 신영균은 말했다.
"내가 평생 술, 담배를 멀리한 것은 어머니의 영향이
다."

신영균 장로의 믿음은 북에 있을 때부터 어머니로부
터 시작된 것이다. 어머니가 '성령의 발차기'의 인도를 받
으니까 신영균도 따라 하게 된 것이다. 그의 어머니는 자
식들 공부를 위하여 신영균이 10살때 서울로 왔고 서울대
치대를 다니던 해에 한국전쟁이 일어났다. 그때에는 가족
들이 몇 년간 생이별을 해야 했다.

부산까지 피난을 가던 중 잠은 교회를 전전하며 해결
했다. 하나님께서 하나님의 집으로만 인도하신 것이다.
하나님의 은혜가 아니라면 어떻게 이런 일이 있을 수 있

을까? 당시 피난민의 종착지 부산에서 새로운 인연이 맺어지게 되었다. 그곳에서 '전시연합대학'을 다녔다. 그리고 어머니가 주셨던 비자금이 바닥날 때쯤에 배우 '전옥' 씨가 "가극단에서 연극을 하면 돈을 벌 수 있다"고 귀뜸해주었다. 그것이 연극과 인연을 맺게 된 것이고 1961년 신상옥 감독의 '연산군'은 배우 신영균의 출세작이 되었고 60년대와 70년대는 그가 주름을 잡던 시절이고 많은 돈도 벌게 되었다.

배우 신영균은 어머니로부터 물려받은 기독교 신앙이 있었다. 평생 금주, 금연, 여색을 멀리했다. 그리고 600백억을 사회에 환원했으며 "이제 남은 작은 재산도 다 베풀고 갈 것이다. 그리고 내가 죽으면 내 관에 성경책 한 권 묻어달라!"고 했다.

세상에 이런 기독교인을 어디에서 찾을 수 있다는 말인가? 오늘날 교회 지도자들은 더 많이, 더 큰 것을 받으려고 애를 쓰고 또 몸부림치는데 목사도 아니요 배우로 한평생 살아온 장로님이 이러한 행동을 보이시니 이 모습은 주님의 모습이요, 지난날 2천년전에 주님 앞에 찾아와 제자가 되려고 했지만 물질이 많아 돌아간 그 청년과 또 그런 삶을 따르는 이 시대의 많은 기독교인들과 비 기독교인들에게 경종을 울려주는 것이다. 정말 존경스럽고 머리가 절로 숙여진다. 더 오래 건강하게 사시면서 더 많은 것을 주님과 주님의 나라를 위하여 사용하시기를 바란다.

신영균 장로가 제일 좋아하는 하나님의 말씀은 고린도전서 15장 10절 "그러나 내가 나 된 것은 하나님의 은혜로 된 것이니 내게 주신 그의 은혜가 헛되지 아니하여 내가 모든 사도보다 더 많이 수고를 하였으나 내가 한 것이 아니요 오직 나와 함께하신 하나님의 은혜로라."

이 말씀은 바울 사도가 하신 말씀이고 구구절절이 자신이 사도가 된 것은 하나님의 은혜로 된 것이라고 말씀하고 있는데 신영균 장로도 똑같은 말씀을 하고 있는 것이다. 그런데 바울의 은사는 선교사이고 신영균 장로의 은사는 배우이면서 남에게 베푸는 것이 다를 뿐이다. 선교사에게 하나님의 발차기가 임하면 전도 하는 대로 뻗쳐나가고, 배우에게 임하면 그 달란트를 통하여 복음이 증거되고 또 물질을 나눌 때 하나님의 발차기의 은혜가 강력히 임하기도 한다.

손흥민 축구 선수의 세계를 향한 발차기

이 선수를 알지 못하는 사람은 없다. 비록 아시아의 작은 나라 한국에서 출생한 축구선수지만 그의 활약상은 세계적이고 손흥민의 주급은 연봉으로 환산하면 106억 6000만원이다. 아시아 선수로서는 최고의 수준이다. 경기장에서 기도하는 손흥민 선수의 모습은 전세계에 방영되는데 얼마나 하나님이 기뻐 하시겠으며, 그 기도하는 모습을 통하여 '성령의 발차기'가 전세계 시청자의 마음을 강하게 두드릴 것이다.

그리고 예전에는 동양사람들은 키가 작아서 서양사람들과 견주어야 하는 축구에 대해서 희망이 없었다. 그러나 하나님께서 한국민족의 키를 크게 만드시고 축구도 잘하게 만드셔서 한국축구는 세계인과 겨루어도 손색이 없게 되었고 손흥민 선수에 대해서 전세계의 축구팬들과 전문가들이 현재 극찬하고 있는 중이다.

그리고 2014년 월드컵에 뛰는 한국선수들을 분석했더니 대표선수 23명 가운데 기독교인들이 12명이다. 왜 이렇게 세계적인 선수들 가운데 기독교인이 많게 된 것일까 그것은 하나님께서 축구라는 매체(하나님의 발차기)를 통하여 전세계의 시청자들에게 복음을 전하시려는 계획이 있기 때문이다. 한국축구선수들의 발차기는 자신의 발차기를 통해 축구 하는 것 같지만 실상은 하나님의 전도를 향한 발차기인 것이다.

하나님께서는 손흥민의 발차기를 통하여, 이루시고자 하는 뜻이 있을 것이다. 그는 축구를 통하여 전세계에 하나님의 발차기를 시도하고 있는 중이며 계속해서 세계축구의 신기록을 세워나가고 있다. 결론적으로 하나님께서는 손흥민의 발을 통하여 당신의 뜻을 이루시려는 것이다. 하나님이 하시려고 하시면 못 이루실 것이 없다.
손흥민의 발을 사용하시는 하나님께 감사를 드린다.

박항서 감독의 세계를 향한 발차기

한국인으로서 베트남 축구의 영웅 '박항서' 그는 진실한 기독교 신자이다.

2019년 12월11일 방송매체는 이런 소식을 전했다.
"필리핀에서 열렸던 '동남아시아게임' 60년 역사상 처음 우승을 하고 베트남 특별 기를 타고 저녁 6시쯤 도착할 것이다."

박감독이 이끄는 베트남 22세 이하 축구팀은 현지시간 10일 열린 동남아시안게임 결승전에서 인도네시아를 3-0으로 이기고 역사적 우승을 차지했다.

경기마다 새로운 축구의 신화를 만들어가고 있다. 베트남은 축구에 대해 약한 나라였는데 박항서 감독이 사령탑을 맡고서는 축구로서 전세계에 주목을 받았고 또 감독의 이름이 전세계에 알려지게 되었다.

이것 또한 우연한 현상이 아닌 하나님의 섭리와 뜻이 박항서 감독에게 있었던 것이다. 이 감독 한 사람으로 말미암아 베트남과 한국은 더욱 가까워졌고 더욱 좋은 협력관계가 되었을 뿐 아니라 스포츠를 통하여 하나님의 영광이 드러나게 되었다.

박항서 감독은 독실한 기독교이며 경기가 끝난 뒤 기도하는 모습이 T.V로 생중계되어 전세계인이 시청할 때가 있다. 이것은 전세계의 사람들에게 자기의 신앙을 알리는 것이며 이것 또한 하나님의 발차기로서 전세계의 시청자들의 가슴을 향하여 '성령의 발차기'를 하는 것이다. 이 거룩하고 아름다운 모습을 통하여 하나님께 돌아오게 되는 것이다.

하나님께서는 박항서 감독을 베트남, 그 중에서도 베트남 축구감독으로 발탁과 훈련시키시고 뜻을 이루신다.

박감독은 베트남 축구제자들에게 자기의 노하우만 전수시키는 것이 아니라 하나님의 발차기 즉 '성령의 발차기'를 가르쳐주고 있다. 그가 경기를 앞두고 기도하는 것은 자신의 발차기보다는 하나님의 발차기를 의지하는 모습인 것이다.

다윗이 전쟁 중에 하나님께 기도하는 것은 자기의 발차기 방법을 벗어나 하나님의 방법을 구하는 모습이다. 박감독의 발차기가 계속 성공할 수 있었던 것은 전능하신 하나님의 발차기를 믿었기 때문이다. 그가 초심을 잃지 않고 계속 '하나님의 발차기'를 의지하면 승리는 계속 이어질 것이며 그것은 '박감독의 발차기'가 아니라 '성령의 발차기'였기 때문이다.

너희가 이같이 어리석으냐 성령으로 시작하였다가 이제는 육체로 마치겠느냐(갈3:3).

30년간 필리핀을 향한 이상덕 선교사의 발차기

　필리핀에 도착하여 사역한지가 엊그제 같은데 벌써 30년이 되었다. 나의 중심사역은 태권도 사역인데 태권도 비법도 전수를 하지만 제일 중요한 것은 '하나님의 발차기'이다. 만약에 제자들이 나의 태권도 기술만 배우고 '성령의 발차기'를 모른다면 그것은 나에게 태권도를 배우지 않는 것과 다름이 없다.

　나는 성령님이 발차기 하셔서 이곳 필리핀까지 오게 된 것이다. 성령님의 발차기가 나와 동행하지 않았다면 나는 근거 없는 사역자가 되는 것이다. 성경의 모든 인물들이 하나님의 발차기를 통하여 일생을 인도함을 받았고 나중에는 하나님의 나라에게 들어가게 된 것이다.

30년간 나의 태권도 사역 전부는 태권도 기술보다는, 그 안에 내재되어있는 '성령의 발차기'이다. 이것이 있음을 알고 깨닫는 자가 복되고 귀한 것이다. 나에게 태권도를 배우는 제자들은 나에게 '기술'뿐만 아니라 '하나님의 발차기', 즉 '성령의 발차기'가 있음을 알고 있다.

성령의 발차기는 성령의 임재, 성령의 충만과도 같이 사용할 수 있는 용어이다. 나나 태권도제자들이 성령님을 의지하지 않고 사역을 진행한다면 그것은 자신의 발차기만 사용하는 것이다. 그것 때문에 우리가 하나님께 부름을 받은 것이 아니요 '성령의 발차기' 때문에 선교지에 부름을 받은 것이다.

나는 30년전 태권도 사역자로서 필리핀에 부름을 받은 사역자이고 때를 따라 성령님께서 나를 발차기 하셔서 세계를 돌아다니고 있다. 하나님께서 나를 발로 차시는 데로 나는 움직인다. 결코 내 스스로 움직이는 법은 없다. 나의 발차기는 실수도 있고 실패도 있지만, 하나님의 발차기는 언제나 성공을 거두고 완전함을 이룬다.

하나님의 도는 완전하고 여호와의 말씀은 순수하니 그는 자기에게 피하는 모든 자의 방패 시로다(시18:30).

6장

정치 지도자를 향하신 하나님의 발차기

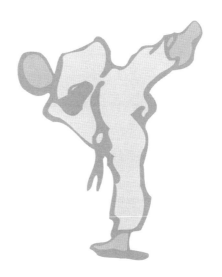

전도 편지를 통한 하나님의 발차기

전 대통령(P)이 탄핵을 받아 감옥에 갔는데 하나님께서 '너는 그에게 전도 편지를 써라!'고 말씀하셨다. 예전에 그는 신학으로도 길을 모색한 적이 있었다. 그런데 이제는 영어의 몸이 된 것이 아닌가? 하나님은 그를 향한 사랑을 갖고 계셨다.

하나님께서는 '성령의 발차기' 즉 '전도편지'를 통하여 구원받기를 원하신다. 지난날에는 세상의 왕이 되어 천하를 호령했지만, 하나님은 세상과 하늘나라의 왕 중의 왕이신 것이다. 세상의 왕권은 때로는 무너지지만 하늘나라의 하나님의 왕권은 영원히 무너지지 않는다. 분명 하나님의 뜻이 있다면 그는 구원을 받을 것이다.

필자는 전도편지를 준비하고 있는데 이것이 '하나님의 발차기'가 되어서 그의 심령 속에 깊이 박혀 하나님 앞에 돌아왔으면 좋겠다.

또한 우리를 위하여 기도하되 하나님이 전도할 문을 우리에게 열어 주사 그리스도의 비밀을 말하게 하시기를 구하라 내가 이 일 때문에 매임을 당하였노라(골4:3).

하나님의 '성령의 발차기'의 대상은
여,야가 따로 없다

　지금 한국은 여,야가 분리되었고 서로 자기가 옳다고
주장을 한다. 물론 나름대로 옳고 그름이 있으나 첨예한
대립으로 나라의 정신세계는 둘로 나뉘어있다. 교회 안
에도, 목사님들 사이에서도 선교사님들 사이에서도 좌,우
이념의 대립이 심각한 상태에 이르게 되었다.

　그러면 하나님은 어떤 정치적 노선을 택하실까 한번쯤
은 생각해 보아야 할 것이다. 그것은 성경대로 정치하는
지도자를 사랑하시고 도와주실 것이라 생각을 한다. 국회
의원 안에도 많은 기독교인들이 있다. 기독교인이라도 하
나님이 모두다 도와주시는 것이 아니라 하나님의 뜻대로

해야만 도와주신다.

하나님은 구약의 요셉같이 전심으로 하나님을 섬기는 정치 지도자들의 앞날에 복을 주실 것이며, 또 다니엘 같은 하나님의 신이 가득한 자의 앞날을 축복하실 것이다.

정치 지도자 요셉, 정치 지도자 다니엘 같은 자는 오직 하나님의 '성령의 발차기'의 인도함을 받았던 자이다. 오늘날 이와 같은 정치지도자가 과연 있을까 의문스럽다.

성령의 발차기의 인도함을 받는 정치지도자가 많을수록 나라는 좋아지고 행복해질 것이다.

동성애를 발로 차는 국회의원들을
하나님은 사랑하신다

　국회에는 많은 기독교인 국회의원들이 있지만 동성애 문제에 대해서는 입을 대체적으로 다물고 있다. 왜냐하면 표를 잃게 될까 두려워하기 때문이다. 그런데 이런 국회의원들은 하나는 알고 둘은 모르는 것이다. '나의 나 된 것은 자신의 힘이 아니요 하나님이 세우셔서 여기까지 온 것이다.' 사람은 속일 수는 있어도 하나님은 속일 수 없다. 분명 하나님은 구약과 신약의 수많은 구절에 엄격히 금했는데도 일신상의 출세를 위하여 입 다물고 있다면, 세상에 살면서 더 큰 수모와 고통을 당할 것이다.

소돔과 고모라와 그 이웃 도시들도 그들과 같은 행동으로 음란하며 다른 육체를 따라 가다가 영원한 불의 형벌을 받음으로 거울이 되었느니라(유1:7).

그와 같이 남자들도 순리대로 여자 쓰기를 버리고 서로 향하여 음욕이 불 일듯 하매 남자가 남자와 더불어 부끄러운 일을 행하여 그들의 그릇됨에 상당한 보응을 그들 자신이 받았느니라 (롬1:27).

최고의 정치 지도자로부터 두꺼운 책을 받았다

　선교사로 나가기 전, 30년전에 꿈을 꾸게 되었는데, 직전 대통령이 나타나 나에게 두껍고 무거운 책을 하사했다. 즉 나는 태권도를 품고 필리핀으로 파송 되는 하늘나라 대사였다. 책이 두껍다고 하는 의미는 영적 대사로서의 할 일이나 본분이 많다는 것을 의미한다.

　신학을 전공한 선교사도 아니고 단지 태권도 하나로 평신도로 파송 받았는데 출발부터 특이했다. 그간 30년 동안 필리핀에 파송 받은 대한민국의 영적 대사로서 최선을 다했다고 생각한다.

다시 돌아보니 '두껍고 무거운 책'은 '성령의 발차기'에 관한 교본일 것이다. '네 뜻대로 태권도 발차기를 하지 말고 나를 통한 성령의 발차기를 해라 그래야 선교지 에서 성공을 할 수 있다.'

나는 30년동안 '성령의 발차기' 교본에 따라 사역을 한 것이다. 내 임의대로 태권도를 가르쳤다면 아마 하나님의 징계로 이 자리까지 오지 못했을 것이다. 또한 성령의 발차기는 하나님의 말씀으로도 표현될 수 있다.

하나님의 말씀은 살아 있고 활력이 있어 좌우에 날 선 어떤 검보다도 예리하여 혼과 영과 및 관절과 골수를 찔러 쪼개기까지 하며 또 마음의 생각과 뜻을 판단하나니(히4:12).

또한 우리를 위하여 기도하되 전도할 문을 우리에게 열어 주사
그리스도의 비밀을 말하게 하시기를 구하라 내가 이 일 때문에
매임을 당하였노라(골4:3)

7 장

아버지의 발차기와 나의 발차기

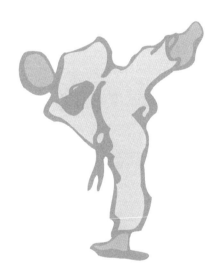

아버지의 이웃을 향한 발차기

    예전에 우리는 포천에서 6만평의 땅을 소유하고 있었다. 그러나 아버지의 좋은 성격 때문에 보증을 서주다가 결국은 집안에 땅 한 평 없게 되었다. 아버지는 남의 일이 곧 자신의 일이었다. 한번은 우리 동네에서 어떤 분의 장례를 치루는데 자기 집의 묘지를 파니까 물이 나왔다 아버지는 그 자녀들에게 말했다.

    "어떻게 이런 곳에 무덤을 쓰냐 우리 산에 모셔라!"

    남의 일을 자신, 스스로 감당하시는 분이었다. 그래서 집안일은 못하셨다.

아버지는 이웃을 사랑하고 동네를 위하여 헌신했던 분이다. 비록 하나님을 믿지 못한 상태였지만 '하늘을 공경하며 사람을 사랑하는 마음이 있었다' 그러나 '아버지의 발차기'는 인간의 선행과 사람을 돕는 역할은 할 수 있었지만, 영혼을 구원하는 적극적인 발차기, '성령의 발차기'는 아니었다. 이런 발차기는 영혼구원과는 밀접한 관계가 없는 것이다. 하지만 아버지는 자신의 입장에서 '선한 행동' 즉 '자신의 발차기'로 남을 도우려고 애를 썼다.

이와 같이 우리도 어렸을 때에 이 세상의 초등학문 아래에 있어서 종 노릇 하였더니(갈4:3).

내가 어렸을 때에는 말하는 것이 어린 아이와 같고 깨닫는 것이 어린 아이와 같고 생각하는 것이 어린 아이와 같다가 장성한 사람이 되어서는 어린 아이의 일을 버렸노라(고전13:11).

나의 발차기는 '성령의 발차기'이다

아버지의 '선한 발차기'가 내 대에는 '성령의 발차기'의 은혜로 바뀌게 된 것이다. 아버지가 없었다면 내가 어떻게 세상에 태어날 수 있으며, 또한 내게 존재하는 '성령의 발차기'조차 없었을 것이다. 나에게 생명주시고 세상에 태어나게 하신 하나님과 아버지께 감사를 드린다.

아버지는 '자신의 발차기'를 통해 이웃에게 봉사하고 헌신했지만, 나는 하나님의 은혜로 '성령의 발차기'의 힘을 얻어 필리핀 땅에서 30년간 사역을 했다. '아버지는 보이는 발차기요 나는 성령 안에서 발차기'를 수많은 영혼들에게 사용했다.

그러나 나의 발차기의 시작은 아버지로부터 된 것이다. 처음은 나의 발차기, 나중에는 '성령의 발차기'로 옮겨졌다.

우리가 지금은 거울로 보는 것 같이 희미하나 그때에는 얼굴과 얼굴을 대하여 볼 것이요 지금은 내가 부분적으로 아나 그때에는 주께서 나를 아신 것 같이 내가 온전히 알리라(고전13:12).

고린도전서 13장 11절에서 12절 말씀은 자신의 발차기와 성령의 발차기를 조금도 구체적으로 보여주고 있다. '자신의 발차기'는 내가 아직 어리고 성숙하지 못한 어린 시절 이요 성령의 발차기는 이미 성숙하였고 내가 주님 안에 주님이 내 안에 있는 상태, 즉 성령 충만의 상태라 볼 수 있다.

나는 포도나무요 너희는 가지라 그가 내 안에 내가 그 안에 거하면 사람이 열매를 많이 맺나니 나를 떠나서는 너희가 아무 것도 할 수 없음이라(요15:5).

이와 같이 우리도 어렸을 때에 이 세상의 초등 학문 아래에 있어서 종노릇 하였더니(갈4:3)

8 장

'상덕아 내 계명을 지켜라!'의 '성령의 발차기' 사역

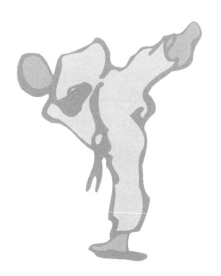

책이 감동이 되어 세 번이나 읽었습니다

'상덕아 내 계명을 지켜라!' 라는 책이 출간되자 뜨거운 반응이 곳곳에서 나타났다. 그중에 어느 분이 이 책을 읽고 또 읽었다. 무려 세 번이나 읽었다고 한다. 그리고 회개를 많이 했다고 한다. 말씀하시는 분은 어느 교회 목사님 이신데, 내가 신학을 공부할 때 다녔던 교회의 목사님이시다.

그 목사님은 내게 용돈 한번도 제대로 준 적이 없는 것과 나의 아내가 병으로 세상을 떠났을 때에도 따뜻한 말, 못한 것을 마음 아파하며 회개했다. 그 목사님은 이런저런 생각을 하면서 이 책을 세 번 읽고, 내게 관심을 보이신 분이다.

교인들에게도 나를 소개하면서 책 40권을 주문해 주셨다. 나의 분신인 '상덕아 내 계명을 지켜라'책은 '성령의 발차기'를 통해서 집필된 책이기에 놀라운 설득력과 은혜를 동반한 책이다. 내 몸은 한계가 있지만 책은 한계가 없이 5대양 6대주를 마음껏 활보하여 복음을 증거하고 있다. 즉 책이 '성령의 발차기'가 되어서 독자들에게 말하고 있는 것이다.

'상덕아 내 계명을 지켜라!'에 이어 '이상덕 선교사의 성령의 발차기'가 나왔고 이어서 '이상덕 선교사의 황금 신발을 신어라!' 책이 나올 것이다. 우리가 하나님의 계명을 지키면 성령의 발차기가 나오고, 그 다음에는 황금 신발을 우리가 신게 된다. 이 놀라운 축복을 우리는 알고 있다.

나도 믿음으로 '성령의 발차기'를 통해 전도에 매진을 하고 있고. 또한 나의 저서 '상덕아 내 계명을 지켜라!'와 '이상덕 선교사의 성령의 발차기'를 통해 부지런히 복음의 나팔, '성령의 발차기'를 하고 있는 모습을 보며 무한한 영광을 하나님께 돌린다.

지혜 있는 자는 궁창의 빛과 같이 빛날 것이요 많은 사람을 옳은 데로 돌아오게 한 자는 별과 같이 영원토록 빛나리라(단12:3).

감동입니다

'상덕아 내 계명을 지켜라!'라는 책을 어느 선교사가 읽어본 후 나를 만나 밥을 사는 것이다.

그가 말했다.
"이 선교사님! 우리가 왜 선교사로 나왔는지 아세요?"
"모릅니다."
"예전에 선교사님 간증을 들었습니다. 아니 이렇게 선교사로 살아가는 분도 있구나! 우리도 선교사로 헌신하자 그래서 선교사로 나가게 되었습니다."
"아, 예"

나의 '성령의 발차기'의 간증을 듣고 이 내외가 선교사로 헌신하게 된 것이며 또 20여년이 흐른 후 '상덕아 내 계명을 지켜라!' 책을 접하고, 다시금 지난날 선교사로 헌신하게 된 이야기를 들을 수 있으니 이보다 기쁜 일이 어디 있겠는가?

당시 나는 다른 사람들처럼 신학을 전공한 것도 아니요, 할 수 있는 것이라면 태권도 하나 밖에 할 수 없는 평신도 선교사였다. 그러나 내게는 더욱 소중한 무기를 소지하고 있었는데, 바로 '성령의 발차기'가 있었던 것이다. 이것은 이미 구약의 장수였던 다윗의 소유하고 있던 무기 '성령의 발차기'이며 신약의 사도 바울이 소유한 '성령의 발차기'였던 것이다.

다윗도 이 성령의 무기를 가지고 있기에 담대했고, 바울도 이 성령의 무기를 가지고 있었기에 일생 전도하면서 두렵지 않았다. 나 또한 아무것도 가진 것 없는 나약자지만 그 성령의 발차기 때문에 험난한 필리핀 선교사역도 가능했던 것이다.

이제 새로 발간된 '이상덕 선교사의 성령의 발차기' 책은 말 그대로 전세계를 누비며 발을 차고 전도할 것을 확신한다. 이 책은 나의 '발차기'가 아니고, 하나님의 발차기, 성령의 발차기인 것이다. 하나님의 발차기는 결코 멈추거나 쉬는 법이 없다.

하나님은 그 옛날 믿음의 조상 아브라함을 성령의 발차기를 하시고 그 다음은 이삭, 야곱 그리고 요셉, 세월이 흘러 모세를 가시덤불 불꽃 속에서 '성령의 발차기'를 하시고 다음은 여호수아에게 이어져 나중에는 선택된 선지자들 그리고 신약의 예수님의 제자들을 선택하여 성령의 발차기를 하시고 중세와 현대에 이르기까지 '하나님의 선택된 자'들에게 '성령의 발차기'를 하신다.

그 중에 부족하고 연약하고, 한국 시골의 포천에서 출생한 나를 만세 전에 택하여 하나님의 백성으로 삼으시고 주의 종으로 삼으시고 아무것도 없는 나에게 태권도라는 귀한 은사를 주시고 또한 하나님의 성령의 발차기의 은혜를 덧입혀주시니 감사하고 감사할 뿐이다.

지금 출간된 '이상덕 선교사의 성령의 발차기'는 앞서 출간된 '상덕아 내 계명을 지켜라'는 책과 더불어 한국 땅과 세계의 전도의 주역이 될 것을 확신한다. 그리고 또 다른 '성령의 발차기'를 준비중인 '이상덕 선교사의 황금신발을 신어라' 역시 '성령의 발차기'의 한 부분이다. 하나님은 창세 이후 일을 시작하시고는, 쉬는 법이 없기 때문에 부족한 종도 하나님이 부르시는 그날까지 쉬지 않고 하나님만 바라보며 '성령의 발차기'를 하려고 한다.

바라기는 부족한 종의 책을 읽는 자마다 하나님의 '성령의 발차기'의 은혜가 임해, 온 세계에 나가 복음을 증거했으면 좋겠다.

오직 성령이 너희에게 임하시면 너희가 권능을 받고 예루살렘과 온 유대와 사마리아와 땅 끝까지 이르러 내 증인이 되리라 하시니라(행1:8).

지혜 있는 자는 궁창의 빛과 같이 빛날 것이요 많은 사람을 옳은 데로 돌아오게 한 자는 별과 같이 영원토록 빛나리라(단12:3)

9 장

성령의 세례와 성령의 발차기

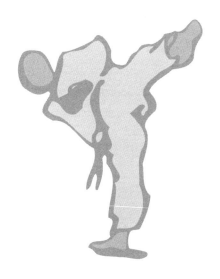

성령의 세례

　　오순절 마가 다락방에서 120명의 성도가 모여 합심으로 기도할 때에 하늘로부터 성령이 임했다. 이 사건으로 제자들의 삶이 완전히 바뀌게 되었다.

오순절 날이 이미 이르매 그들이 다같이 한 곳에 모였더니 홀연히 하늘로부터 급하고 강한 바람 같은 소리가 있어 그들이 앉은 온 집에 가득하며 마치 불의 혀처럼 갈라지는 것들이 그들에게 보여 각 사람 위에 하나씩 임하여 있더니 그들이 다 성령의 충만함을 받고 성령이 말하게 하심을 따라 다른 언어로 말하기를 시작 하니라(행2:1-4).

　　성령을 받으면 더 이상 받을 것이 없다. 즉 하나님의

최고의 선물을 받은 것이다. 성령을 받으면 주님의 증인이 되는데 그것을 모르는 사람은 없다. 또 그 의미를 꿰뚫는 사람도 많지 않다. 그 의미를 아는 사람은 다 선교사로 나가 주님의 증인이 된다. 그 중에 하나가 필자이다.

그리고 성령을 우리에게 주시는 이유는 증인되는 삶을 살아가도록 하시기 위한 것이다. 즉 선교사로 부르시기 위한 것이다. '예루살렘과 유다와 사마리아 땅끝까지'이다. 바로 사도바울이 성령의 발차기를 따라 예수님의 증인된 삶을 산 것이다.

성령의 발차기

이것은 '성령의 세례'와 '성령의 충만' 동일하게 사용할 수도 있다. 성령이 임하면 모든 사람들이 가만히 있을 수가 없다. 나가서 그리스도를 전도하게 되고 어떤 경우는 사마리아와 땅끝까지 복음을 증거하러 나가기도 한다. 그런데 자신의 자력이 아니요 하나님의 능력으로 하는 것이다.

그런데 어떤 사람은 자기가 훌륭하고 똑똑해서 선교지에 왔다고 생각하는데 이것은 착각 중에 커다란 착각을 하고 있는 것이다. 만약 이런 선교사가 있다면 '스스로 앞 발차기'를 하고 있는 것이다. 그런 능력 가지고는 결단코

한 사람도 변화시킬 수 없다.

오직 성령님의 세례를 받은 사람만이 성령의 발차기의 사도가 되어 복음을 증거할 수 있는 것이다. 또 그런 자만이 예수님의 제자들처럼 순교의 자리까지 갈 수 있는 것이다. 성령의 발차기의 최종 목적지는 '순교의 자리'까지일 것이다. 왜냐하면 죽으면 세상에서 더 할 일이 없기 때문이다.

'자기 발차기'를 하는 선교사들은 어려운 순간과 환경이 닥치면 성령 받기 전 베드로가 되어 도망가고 말 것이다.

나의 별명, 이 성령

2019년 가을에 필리핀 태권도 도장이 불이 났는데 많은 재산피해가 있었지만 원인 규명을 할 수 없었다. 사실 나는 은퇴를 앞두고 도장의 물건들을 골고루 나누어 주어야 하는데 많은 고민이 있었다. 분배가 정확히 이뤄지기는 쉽지 않는 상황이었다.

그런데 불이 난 것이다. 나는 많은 고민 중에 기도를 했는데, 이것 또한 하나님의 섭리와 뜻이 있음을 알았다. 왜냐하면 이 세상 모든 일이 하나님의 계획 없이 이루어지는 것이 없기 때문이다.

참새 두 마리가 한 앗사리온에 팔리지 않느냐 그러나 너희 아버지께서 허락하지 아니하시면 그 하나도 땅에 떨어지지 아니하리라(마10:29).

그런데 도장이 불 나기 2주전 꿈에, 두 사람이 왔다 갔다 하는 모습을 보게 되었다. 분명 도장에 무엇이 일어날 조짐이었다. 건물에 사람이 없었기 때문에 인명 피해는 없었고 물건만 피해를 입었다.

그 때에 느부갓네살 왕이 놀라 급히 일어나서 모사들에게 물어 이르되 우리가 결박하여 불 가운데에 던진 자는 세 사람이 아니었느냐 하니 그들이 왕에게 대답하여 이르되 왕이여 옳소이다 하더라 왕이 또 말하여 이르되 내가 보니 결박되지 아니한 네 사람이 불 가운데로 다니는데 상하지도 아니하였고 그 넷째의 모양은 신들의 아들과 같도다 하고(단3:24-25).

태권도 화재 사건은 분명히 하나님의 뜻과 섭리가 있었던 것이다. 이 사건도 "성령님이 하신 것이다"라고 했더니 사람들은 나를 향해 "이 성령"이라고 하는 것이다.

그들이 다 성령의 충만함을 받고 성령이 말하게 하심을 따라 다른 언어들로 말하기를 시작하니라(행2:4)

10장

나의 전도와 성령의 발차기

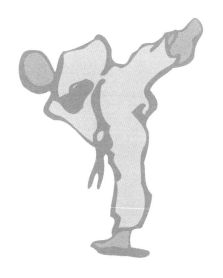

지리산 노고단에서

사관학교 다닐 때이다. 토요일에 외출, 외박을 나갔는데 주일 오후 다섯 시까지 학교에 들어가야했다. 그때까지 들어가지 않으면 퇴학이다. 그런데 내가 지리산 노고단에 가서 전도하지 않고 내려오면 오후 다섯 시까지 당도할 수 있었다.

그러나 내가 전도를 하면 시간 내에 당도할 수 없었다.

"너 한 영혼을 전도를 하지 않고, 학교에 들어갈래?
아니면 퇴교를 당하더라도 전도를 할래!"

이런 고민을 하나님께서 주셨다. 당시 노고단에 파견 나온 책임장교에게 복음을 증거했다. 나는 당시 생도시절 이고 그분이 주님을 영접하게 되었다.

나는 문을 열고 들어가 한 시간 반이나 전도를 했다. 전도한 후 시간을 보니, 마음이 급해졌다. 산 위에서 아래 까지 뛰어서 겨우 막차를 탔다. 그리고 내가 교문 안에 들 어서니 연병장에서 생도들이 점호를 받고 있었다. 나는 이미 한 시간 정도 늦었다. 그러나 "교회에 가서 종교활동 중이라 늦는 모양입니다"라고 생도중의 한 사람이 훈육장 교에게 말했다.

만약에 그렇지 않았다면 학교를 졸업하지 못했을 것이 다. 하나님께서는 결코 '성령의 발차기'의 인도함을 받아 전도하는 자들의 길을 막지 아니하시며 앞길을 인도하시 는 것이다.

좋은 소식을 전하며 평화를 공포하며 복된 좋은 소식을 가져오 며 구원을 공포하며 시온을 향하여 이르기를 네 하나님이 통치 하신다 하는 자의 산을 넘는 발이 어찌 그리 아름다운가 (사52:7).

성령의 발차기와 금테안경

예전에 젊었을 때 1984년경이다. '금테안경'을 한번 쓰고 싶었다. 그래서 안경집에 들어갔다. 부산에서 체육관 2년차 들어갈 때였다.

그런데 주인이 혼자 있었다. 그래서 내가 말했다.

"내가 이 지역에서 태권도 도장을 하고 있습니다."
"그래요. 나는 쿵후 4단입니다"
"어디서 배웠습니까?"
"홍콩 중국 등에서 배웠습니다."

아직 중국은 공산화 시절이고 자유의 문이 열리지 않았을 때였다.

그때 나는 생각했다.
'내가 이 사람을 전도하면 이 사람을 데리고 중국에 가서 쿵후를 가르치게 하고 나는 태권도를 가르치면서 복음을 증거할 수 있겠구나'

이런 상상의 나래를 폈다. 이제 안경사는 것은 두 번째이고 복음을 전하기 시작했다. 약 한 시간 복음을 증거했다. 내가 열심히 전도했고 이분은 그리스도를 개인구주로 영접하게 되었다.

내가 말했다.
"인생 최고의 선물은 영생을 얻는 것이다."
"네."

그는 말하기를
"관장님이 나에게 인간 최고의 선물을 주셨는데 나도 선물을 하나 하겠습니다. 관장님께 금테 안경을 선물하겠습니다."

그래서 나는 금테 안경을 선물 받게 되었다. 비록 안경을 사러 들어갔지만 순간 복음을 증거하고 싶어하는 마음이 불 일듯해, 그분이 전도를 받고 구원에 이르게 되었다. 한 영혼이 구원을 받았을 분 아니라 비싼 금테 안경까지 선물로 받게 된 것이다.

성령님이 나를 발로 차시며 운행하시다가 서게 되는 장소에서, 만나는 사람이 전도의 대상인 것이다. 나의 지식자랑으로 상대방이 구원을 받는 것이 아니요 나는 입술을 열고 성령님은 말씀하셔서 상대방이 구원에 이르게 되는 것이다. 전도는 나의 힘과 능력이 아니요 '성령님의 발차기'의 은혜인 것이다.

'성령님의 발차기'에 우리 몸을 실으면 그분이 모든 것을 주관하시게 된다. 전도도 내가 하는 것이 아니요 주님이 하시는 것이다. 다만 우리는 그분의 도구일 뿐이다.

태권도 사범들에게 '성령의 발차기'를 하다

　내가 82년도에 전역을 하고 83년도에 부산에서 도장을 차렸다. 그런데 내가 타 지역 사람이기 때문에 텃세가 심했다. 어떤 관장은 35개의 도장을 갖고 있는 사람도 있었다. 그런데 사관하교 선배가 봉고, 기아 마스타를 하나 사주었다. 그래서 차로 아이들을 태우고 다녔다. 그들에게 분쟁의 요소가 된 것은 "왜 남의 도장 앞으로 차를 운행을 하느냐!"였다.

　수백 개의 도장 중에서 차가 있는 경우는 몇 군데 없던 시절이었다. 나의 경우는 돈을 벌어서 산 것이 아니라 사관학교선배가 사주었기 때문에 있는 것이다.

내가 이렇게 말했다.

"차로 섬겨주는것은 고마운데 차량 사용료와 수고비를 드릴 능력이 안되요. 차를 운행하려면 기름값도 부담 스럽고 또 운전도 잘하지 못합니다."

그렇게 말했지만 결과적으로는 차는 내 앞에 오게 되었다. 여러 체육관에서 항의가 왔다. 실상 불가피한 상황이었지만 다른 도장에서는 이해가 불가능했다. 어떤 관장은 이름있는 단체에서 동메달을 딴 사범이 있었다.

그가 말했다.

"다윗체육관 차를 우리체육관 앞으로 운행하면 본네트를 열어 엔진안에 모래를 집어 넣을꺼야!"

내가 전화를 했다.

"아니 덩치 값 좀 해라! 네가 나하고 비교를 한다면, 나는 태권도 경력이나 메달도 없는 사람이고 너는 동메달도 받았고 신장도 크지 않느냐!"

그리고 일단 나한테 도전을 하면 24시간 안에 그 체육관 관장을 찾아가서 전도하는 기질이 있다. 인간 최고의 사랑은 전도이다. 그래서 이것을 실천하는 것이다. 당시

40-50군데서 항의가 들어왔다. 그래서 하나님께 기도를
했다.

'일일이 대결하라'는 깨달음이 와서 그대로 실천하기
로 했다. 어느 날 찾아간 사범은 완전히 조폭이었다. 그가
나의 복음의 메세지를 듣고 그 자리에서 무릎을 꿇고 예
수그리스도를 영접하게 되었다. 그러면서 자기의 지난날
을 고백했다.

관장이 말했다.
"지난날 어떤 깡패가 찾아와 나의 기를 죽이려고 칼로
배를 갈라 창자를 보여 준 적이 있었는데 그때 나는 소
금을 가져와 뿌렸던 사람이다."

그러니 이 사람은 깡패보다는 한 수 위였다. 그리고 관
장들은 조폭과 같은 기질들이 보통은 있다. 이들을 변화
시킬 수 있는 것은 하나님의 말씀인 복음과 '성령의 발차
기' 밖에는 없는 것이다.

하나님의 말씀은 살아 있고 활력이 있어 좌우에 날선 어떤 검보
다 예리하여 혼과 영과 및 관절과 골수를 찔러 쪼개기까지 하며

또 마음의 생각과 뜻을 판단하나니(히4:12)

내가 복음으로 도전하니까 그들이 하나님 앞으로 돌아오는 계기가 되었다. 그들은 '자기의 발차기'로 내게 도전했지만 나는 한걸음 더 나아가 '성령의 발차기'로 그들을 제압했던 것이다. 누구나 '성령의 발차기' 앞에는 무릎을 꿇을 수밖에 없었다.

그리고 이 사범이라는 사람이 있었는데 묘기 대행진에서 1등을 하고, 자기가 하는 태권도 동작이 맞다며 한달내내 괴롭혔다. 그때 기도를 했더니 그에게 전도할 말을 주셨다.

"이 사범! 내가 당신을 사랑한다."

그가 눈이 동그랗게 커지며 나를 째려봤다. 분명 내 말을 이해하지 못한 증거이다. 그래서 내가 설명을 시작했다.

"나의 부모님과 형님들이 나 잘되라고 책망도 하고 훈계도 하는데, 당신은 나의 가족이 아닌 외부인이 나에게 이렇게 말하는 것은 나를 사랑하기 때문이라고 생각을 한다. 그리고 이렇게 표현한 사람은 당신이 처음이다. 그래서 내가 이 사범을 정말로 사랑한다."
그랬더니 그가 무릎을 꿇고 말을 했다.
"이제부터 형님이라고 부르겠습니다."

그가 하나님 앞에 돌아온 것이다. 하나님이 하시고자 하시면 어떤 것이든 불가능은 없다. 하나님이 하시기 때문이다. 그들은 '자신의 발차기'로 무엇인가를 보여주려고 했지만, 나는 오직 '성령의 발차기'의 힘을 의지하여 복음을 전하고 있다. 내가 하는 발차기는 실패와 좌절을 가져 올 수 있지만 '하나님의 발차기'는 창세 이후에 실패와 좌절을 맛본 적이 없고 언제나 승리를 가져왔다.

나는 체육관을 돌아다니며 전도를 했다. 즉 지도자인 사범, 관장이 복음을 받아드리면 이보다 효과적인 일이 없기 때문이다. 즉 이들은 자신의 제자들에게 영향을 줄 수 있는 사람들이기 때문이다.

한번은 송관장이라는 사람에게 복음을 증거했다.
그가 내게 말했다.

"나 같은 죄인도 주님을 개인의 구주로 영접하면 하나님의 아들이 되고, 그 권세를 누리면서 세상을 살아갈 수 있습니까?"

"그렇습니다."

그랬더니 그가 무릎을 꿇고 주 예수를 개인의 구주로 영접하게 되었다. 나에게 무릎을 꿇은 것이 아니요 영원하신 하나님 앞에 무릎을 꿇은 것이고 또 하나님 앞에 돌아오는 모습이다. 특별히 운동과 관계 있는 분들이 하나님 앞에 돌아올 때는 자신이 절대자 앞에 무릎을 꿇는 모습을 볼 때가 많이 있다.

우리가 무릎을 꿇고 복종해야 할 분은 전능자 하나님, 한 분 밖에 없는 것이다. 모든 만물은 하나님 한 분 앞에 엎드려 영원히 영원토록 경배해야만 할 것이다.

이렇게 나는 전도의 발걸음을 쉬지 않았으며 약 천명에게 개인전도 즉 '성령의 발차기'를 시도했다. 결코 나의 발차기가 아닌 성령님의 발차기 전도였기에 많은 열매를 맺었으리라.

전도의 결과 아름다운 소대

군복무 시절, 나는 하나님 앞에 10의 2조를 드렸고, 소대원들의 복음화를 위하여 부지런히 '전도의 발차기'를 시도했다. 어느 날 보니까 병사들이 더블 백을 들고 가는 것이 보였다. "이것이 무엇이냐!" 이유는 미군부대 병사들이 코카콜라를 마시면 그것을 수거해 돈을 모으는 것이다. 그것이 몇 백 개 수천 개가 되었다. 그 빈 통 알미늄을 한 달 모아 팔면, 내 봉급보다 몇 배가 많았다. 그러면 그 돈을 가지고 소대에 페인트칠도 하고, 또 커튼을 사기도하고 그리고 소대에 자전거도 사놓아 병사들이 급한 일에 사용하기도 했다. 내가 하나님 앞에 10에 2조를 드리고 소대원들에게 '복음의 발차기'를 시도했더니 하나님께서

'아름다운 소대'로 만드셨다.

아름다운 소대의 모습은 '성령의 발차기'의 결과물인 것이다. 하나님이 하시는 모든 일은 아름답게 되는 것이다.

또한 우리를 위하여 기도하되 하나님이 전도 할 문을 우리에게
열어주사 그리스도의 비밀을 말하게 하시기를 구하라 내가 이
일 때문에 매임을 당하였노라(골4:3)

11 장

성령의 발차기의 교훈적 의미

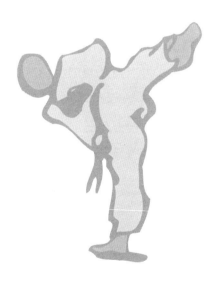

성령의 발차기와 정신의 각성

태권도를 할 때, 힘들고 정신이 나약해질 때, 상대방으로부터 발차기를 당하면, 나갔던 정신이 돌아오고 정신이 번쩍 든다. 즉 '정신의 각성'을 가져오게 된다. 선수들이 상대방으로부터 이런 공격을 받을 때, 다시금 정신을 가다듬고 싸움에 임하게 된다.

태권도를 할 때 상대방으로부터 얻어터지면 개중에는 포기하는 사람도 있지만, 공격받은 그 이상으로 잘 싸움하여 승리하는 경우가 많이 있다.

성령의 발차기의 은혜가 오면 선수는 위로부터 성령님

의 은혜로 자신의 발차기가 아닌 다른 힘이 오고 있는 것을 느낄 수 있다. 그것을 초동 목동 다윗이 골리앗과 대결할 때 느꼈던 것이다. 성령이 우리에게 오시면, '새로운 정신세계'가 열리며 분명히 적을 이길 수 있는 것이다.

우리 삶에 있어 성령님이 함께하시지 않는다면 우리의 삶은 무의미 한 것이 될 것이다.

성령의 발차기와 깨닫는 은사

지금의 시대는 물질만능의 시대이고 황금주의 시대이다. 돈이면 안 되는 것이 없고 대부분 황금을 숭배하고 살아가는 것이 오늘날의 실상이다.

나는 60세 전까지 고향에 있던 6만평의 땅을 생각했다. 그것만 있으면 우리 가족들이 한세상 돈 걱정 없이 살아갈 수 있었을 텐데 하고 말이다. 그런데 내게 깊은 깨달음이 왔다.

'하나님께서 성령의 발차기로 6만평을 날려보내셨구나! 그리고 그것보다도 큰 세상 전부를 하나님이 내게 주

셨구나!'

성령의 발차기를 통한, 나에게 주신 깊은 깨달음이었
다. 우리는 세상을 살아가면서 자신의 소유권을 아주 강
조 한다. 그리고 소유권을 가진 사람들을 존경을 한다. 그
런데 만약 천억짜리 빌딩을 가지고 있다 해도 오늘 당장
죽으면 그것은 자기의 소유에서 다른 사람의 명의로 넘어
가게 되어있다.

내가 선교사가 되 보니, 돈이 하나도 없어도 하나님의
돕는 손길을 통해서 이곳 저곳을 다닐 수 있다. 비록 소유
권은 없어도 하나님의 것을 사용할 수 있는 권세가 있는
것을 알게 되었다. 어차피 인간은 땅에서 영원히 살 수 있
는 존재가 아니다. 그리고 우리 성도들은 돌아갈 영원한
천국이 있다. 그곳에는 황금보석으로 지어진 우리의 집이
있는데, 하나님이 바로 우리 아버지가 되신다.

우리는 어떤 소유권을 가지기 위해, 몸부림치지 말고,
사용권을 달라고 하나님께 기도해야 된다. 소유권에서 사
용권으로 마음을 전환하고 기도하면 하나님께서 우리의
기도를 들어주실 것이다.

나는 성령님의 발차기를 통해서, 세상 모든 것의 소유권에서 사용권으로 마음이 바뀌게 되었다.

성령의 발차기와 천사

우리는 부지중에 천사를 만날 수 있다.
한번은 어느 선교사에게 전화가 왔다.

"식사 한번 하시지요"
"네."

식사를 마친 후 봉투를 내미는데 그 안에는 500불이
담겨져 있었다. 나는 놀랐고 그 선교사는 말하기를

"자녀가 십일조를 보내왔는데 하나님의 것이라 우리가
쓸 수 없어 기도하다가 선교사님이 생각났습니다."

이렇게 하나님이 천사를 통해서 공급을 하셨다. 분명 나에게는 천사로 온 것이며 천사의 발차기로 그 마음을 두드렸던 것이다.

또 한번은 다른 선교사님들이 바빠 모시지 못하는 한국손님을 모셨는데, 그분이 천사 역할을 하셔서 그 달도 무사히 지나갔다. 이것은 작은 예이고 선교사의 삶 속에는 천사의 도움이 없다면 하루도 살아가기 힘들 것이다.

히브리서 1장 14절에 "모든 천사들은 섬기는 영으로서 구원받을 상속자들을 위하여 섬기라고 보내심이 아니냐" 라고 말씀하고 있다. 구원받을 성도들을 오늘은 돕고 내일은 안 돕고 하는 것이 아니라 우리가 천국에 입성할 때까지 돕는 것이다. 오늘도 내일도 또 모레도 그 천사들은 우리가 어려움에 처했을 때, 즉시 달려와 구원 해주실 것이다.

또한 사람으로서 천사의 역할을 하는 분들이 있다. 이 또한 천사가 아니겠는가? 남이 어려울 때 돕는 그 사람은 자기의 마음으로 하는 것 같지만 실상은 하나님께서 '성령의 발차기'를 통해서 도울 사람의 마음을 두들겨 주시고, 어려움에 처한 사람을 생각나게 하시는 것이다. 하나님을 믿지 않으면 영원히 모를 비밀이다.

우리가 남에게 천사 또는 마귀 역할을 하게 되는데 천사 역할을 할지언정 마귀 역할을 하면 안될 것이다. 분명 우리는 둘 중의 하나일 것이다. 선한 일을 행한 사람에게는 하나님의 복이, 악한 마귀와 동행한 자에게는 하나님의 심판이 있을 것이다.

그러므로 우리는 기회 있는 대로 모든 이에게 착한 일을 하되 더욱 믿음의 가정들에게 할지니라(마6:10).

성령의 발차기와 시간 조절

　우리가 축구 경기를 보게 되면 열심으로 운동장을 뛰어다니며 발차기를 하는 선수들을 보게 될 것이다. 서로 열심히 축구를 하다가 A라는 팀이 공을 하나 넣으면서 경기 종료시간이 가까이 되면 이긴 선수 측에서는 열심히 하지 않고 시간이 가기만을 기다리는 경우를 우리는 많이 보았다.

　어설프게 경기했다가는 갖고 있는 점수마저 빼앗기기 때문에 자기편 선수끼리 공을 주고 받으며 '타임아웃'되기만을 기다린다. 관중 석에 있는 A편들은 마음을 졸이면서 선수와 같은 한마음이고 상대편 관중들은 이 모습을 보고 야유를 보내고 있다. 그러나 이것은 너무 지나치지 않는 상황이라면 축구의 전략 중에 하나이다.

모든 운동에서는 '적절한 시간'을 활용하는 것은 싸움하는데 큰 도움이 될 것이다. 선수가 시간을 잘 조절하지 못하면 지게 되어있다. 시간 안배를 잘해야 싸움에서 승리를 할 수 있다.

그런데 우리 믿음 안에서도 우리의 성령님은 시간을 조절하시기도 한다. 얼마 전 누구와 어느 장소에서 6섯시에 만나기로 했다. 그런데 나는 사정이 생겨 오후 세시에 갔는데, 건너편에 보니까 6섯시에 만나야 할 사람이 걸어오는 것이 아닌가? "시간이 변경되었다"고 서로 전화도 없었으며 나는 나대로 약속장소를 향하여 온 것이며 상대방도 계획한 일이 일찍 끝나 6섯시의 약속장소를 3시에 온 것이다. 오후 3시의 시간차이는 거의 같았다.

우리가 누구와 약속을 잡았는데 그 약속 시간이 다르다 할지라도 하나님은 '성령의 발차기'를 통해서 '시간을 조절'하시고 어떤 경우에는 상대방의 스케줄까지 조절하시기도 하신다. 믿지 않는 사람들은 이상한 시각으로 해석할 수 있겠지만 우리 기독교인들은, 성령님은 우리의 약속 시간까지 조절하시는 것을 믿어야 한다.

그런데 만나야 할 사람과 만나고 보니 오후 여섯 시에 만나면 해결해야 할 일을 처리하지 못할 상황이라는 것을 알게 되었다. 그래서 하나님의 선하신 뜻이 있어, 상대방과 함께 성령님은 시간을 조절하신 것이다.

그리고 축구 감독이 주문을 한다.

"종료할 때까지 동료들과 함께 공을 발로 차라!"

이 명령을 하달 받는 선수들은 공을 세게 차지 않으면서 동료와 서로 공을 주고 받는다. 즉 승리하기 위하여 시간을 조절하고 있는 것이다. 마찬가지로 우리의 성령님은 전쟁 중에 승리하기 위하여 우리를 향하여 '성령의 발차기'를 하신다. 아주 적절하게 또 부드럽고 신속하게, 또 아름답게 우리가 승리하도록 시간을 조절하신다.

성령의 발차기와 두루마기

태권도를 할 때 도복을 입고 하지, 벗고 경기에 임하는 사람은 없다. 사람들은 태권도 도복을 입고 있으면 그 옷이 주는 품위와 권위 때문에 함부로 덤벼들지 못한다. 그런데 우리가 영적 전투에서도 '신령한 갑옷'을 입고 전투한다는 사실을 알아야 한다.

에베소서 6장 11절에 "마귀의 간계를 능히 대적하기 위하여 하나님의 전신 갑주를 입으라"고 말씀하고 있다. 이것은 눈에 보이는 옷이 아니라 '영적 옷'인 것이다. 우리 성도들은 구원받은 후 모두 옷을 입고 다니며, 하늘나라 가서도 흰 세마포 흰옷을 입고 다닐 것이다.

성령의 발차기의 힘을 의지하고 적군과 싸움을 하는 사람들은 영적 전투복을 입었다. 그 옛날 목동 다윗이 천하의 장수 골리앗과 싸움을 할 때, 사울 왕은 자기가 입던 군복을 입혔지만 아직 소년이었던 다윗은 옷이 맞지 않아 벗어버렸다. 그때 하늘로부터 '영적 군복'이 입혀졌던 것이다. 그것이 세상 사람들 눈에는 보이지 않지만, '목숨 걸고 하나님 한 분만을 향하여 적진을 향해 진격하는' 다윗을 보며 가만히 있지는 않았을 것이다.

또한 그 전시대에 믿음이 보석 같던 사드락과 메삭과 아벳느고가 신상에 절하지 않는 죄목으로 풀무 불에 들어갔지만 그곳에 신의 아들과 같은 한 사람이 더 있었다. 오히려 그들을 죽이려던 힘있던 자는 그 불 옆에서 타 죽었다. 그런데 불 속에서 네 사람이 유유히 불속을 도는 것이었다. 이들에게는 역시 하늘나라에서 공급된 '세상 불'로는 타지 않는 옷을 입고 있었다. 또한 그 옆에는 하나님이 보내신 자가 있었다.

성도들의 전쟁을 하나님은 언제나 지켜 보시며 이길 힘을 주시고 있다. 또한 우리의 종말에도 불로 세상을 태울 텐데 그 속에서 살아남으려면 '사드락과 메삭과 아벳느고'가 입었던 하늘로서 내려온 '세상 불에 타지 않는 옷'을 입어야 한다.

그러니 주의 날이 도둑 같이 오리니 그 날에는 하늘이 큰 소리로 떠나가고 물질이 뜨거운 불에 풀어지고 땅과 그 중에 있는 모든 일이 드러나리로다 이 모든 것이 이렇게 풀어지리니 너희가 어떠한 사람이 되어야 마땅하냐 거룩한 행실과 경건함으로 하나님의 날이 임하기를 바라보고 간절히 사모하라 그 날에 하늘이 불에 타서 풀어지고 물질이 뜨거운 불에 녹아지려니와 우리는 그의 약속대로 의가 있는 곳인 새 하늘과 새 땅을 바라보도다 (벧후3:10-13).

그리고 요한 계시록 3장 5절에 "이기는 자는 이와 같이 흰 옷을 입을 것이요 내가 그 이름을 생명 책에서 결코 지우지 아니하고 그 이름을 내 아버지 앞과 그의 천사들 앞에서 시인하리라"고 말씀하고 있다. 성령의 발차기를 하는 믿음의 사람들은 이미 흰옷을 입은 사람이요 천사가 지키는 사람이요 하나님이 보호하시는 사람이다. 그런데 어찌하여 우리만 저 좋은 천국에 가겠다는 것인가? 가족을 구원하지 못하고 이웃에게 복음을 전하지 않는 자는 세상과 다시 오는 세상에서 영원히 구원받지 못할 것이다.

저 좋은 천국, 저 좋은 하늘나라를 소유한 분들은 '성령의 발차기'를 부지런히 하여, 천국이 비좁도록 해야 한다.

마치는 말

오랜 시간을 달려왔다.

나의 발걸음이 아니고 성령의 발걸음으로 여기까지 온 것이다. 지난 세월을 돌아보니 성령님은 나를 발로 차셔서 세상에 나오게 하시고, 중학교 때에는 처마 밑에 공을 만들어 발차기를 시작했고 그 운동의 특징을 살려 사관학교에 들어가게 하시고, 사관학교 교목 변희관 목사님을 만나 예수를 나의 개인의 구주로 영접하고, 전도에 불이 붙어 낮이나 밤이나 전도했고 중대장 시절을 끝내고 부산에서 태권도 도장을 차리게 하시고, 이제는 성령께서 나를 발로차 필리핀 땅에 보내셨고, 30년간 제자들에게 '발차기 훈련'과 '성령의 발차기'를 했다.
이제 하나님께서는 부족한 종이 다하지 못한, '하나님의 발차기' 사역장으로 옮기실 것이다.

나의 작은 기도로 이 책을 마치려 한다.

"내 일생을 '성령의 발차기'로 인도하신 하나님!
아직 남은 세월을 당신의 도구 '성령의 발차기'가 되어
나를 기다리는 온 세계의 사람들에게
'하나님의 발차기'를 가르치겠나이다."

이상덕 선교사의
성령의 발차기

저자 / 이상덕
북디렉터 / 김용섭
펴낸이 / 황영순
펴낸곳 / 사회문화사

초판 1쇄 발행 / 2020년 1월 22일
출판등록 / 301-200-100
주소 / 서울시 중구 충무로2길 32-6
전화 / 02-2278-2083 팩스 / 02-2271-2082
저자 이메일 / wtmfkoreaph@yahoo.com

ISBN 979-11-968368-2-5 03230